T0246518

**Lluís Casado Esquius
y Guy Gimenez**

Liderazgo
inteligente

editorial Kairós

© 2021 Lluís Casado Esquius y Guy Philippe Marc Gimenez

© de la edición en castellano:
2022 Editorial Kairós, S.A.
Numancia 117-121, 08029 Barcelona, España
www.editorialkairos.com

Fotocomposición: Florence Carreté
Diseño cubierta: Katrien Van Steen
Impresión y encuadernación: Índice. 08040 Barcelona

Primera edición: Mayo 2022
ISBN: 978-84-9988-999-3
Depósito legal: B 8.825-2022

Este libro ha sido impreso con papel que proviene de fuentes respetuosas
con la sociedad y el medio ambiente y cuenta con los requisitos necesarios
para ser considerado un «libro amigo de los bosques».

Sumario

Presentación: un GPS para pilotar la transición

«La inteligencia es la habilidad de adaptarse al cambio».

STEPHEN HAWKING

Es un tópico repetido hasta la saciedad que el mundo de inicios del siglo XXI no es el mismo que el del siglo XX. A veces los tópicos son ciertos. Y no solo por la crisis económica de 2008 o la pandemia de la COVID-19. Los síntomas de final de ciclo en relación con el mundo surgido después de la Segunda Guerra Mundial eran ya bastante claros con anterioridad.

La gestión de las organizaciones no puede quedar al margen de un cambio de tal magnitud. Sería un error mayúsculo seguir el principio de «más de lo mismo», es decir, si no funcionan nuestras respuestas (métodos, sistemas, modelos de gestión) no las cuestionamos, doblamos la dosis o cambiamos a quien las aplica.

Como describieron muy bien hace muchos años los expertos relacionales de la Escuela de Palo Alto, a veces «la solución es el problema» o, en otras palabras, insistir en las estructuras organizativas, los modelos de gestión y los valores del siglo XX, es decir, las soluciones basadas en los organigramas, la jerarquía y la obediencia, la descripción rígida de procesos y puestos de trabajo, todo ello en una cultura orientada al control, no solo no es una buena solución hoy en día, sino que forma parte del problema.

Podemos hacer un ejercicio mental para ver la dimensión del cambio. Tomemos una sola de las variables en cambio como es la tecnología, muy importante, pero no la única, y preguntémonos si la gestión de las empresas y las administraciones públicas puede seguir los mismos criterios de hace unos años si consideramos los *big data* y su impacto en el marketing; la impresión 3D y su impacto en la fabricación, la logística y el transporte; la inteligencia artificial y su impacto en la gestión administrativa, la robotización de la producción o el teletrabajo, posible gracias a las TIC, el *blockchain*, etc. La respuesta ha de ser obviamente negativa, el «más de lo mismo» no parece buena idea.

Necesitamos nuevas respuestas, pero evitando caer en las infantiles promesas de las soluciones fáciles y radicalmente innovadoras. No existen ni las unas ni las otras.

Este libro no pretende ser revolucionario, ni la versión 4.0. de nada. No es la solución a todos los problemas que ocupan y preocupan a los directivos, directivas y mandos de nuestras organizaciones.

El título del libro, *Liderazgo inteligente*, nos refiere al concepto de inteligencia entendida como la capacidad del ser humano para entender nuevos escenarios y adaptarse a ellos de forma reactiva y también proactiva: creamos los sistemas que nos transforman. En las páginas de este libro, el lector encontrará una nueva mirada sobre el liderazgo y una hoja de ruta sobre los retos a los que adaptarse.

Este libro es una invitación a tomar consciencia de los cambios que se están produciendo para poder entenderlos bien. Es una llamada a la corresponsabilidad para encontrar caminos para abordarlos. Es, finalmente, una propuesta de acción para impulsar una fase de transición que ha empezado ya y que puede llevarnos a un mundo organizacional distinto y mejor, pero también a un mundo organizacional caduco y agonizante durante muchos años más.

Decíamos que el libro no pretende ser revolucionario. Los problemas complejos no tienen respuestas simples, y en un mundo repleto de problemas complejos no es recomendable confiar en las recetas infalibles. La abundante literatura de «autoayuda empresarial» ya nos ha propuesto demasiadas soluciones milagrosas para volver a caer en el mismo error.

Las ideas de este libro surgen de nuestra experiencia práctica como consultores, formadores y *coach*. Se basan, por tanto, en la capacidad de escuchar las preocupaciones de nuestros clientes, y del camino recorrido junto a ellos para implementar alternativas de mejora. Pero también, es nuestra obligación, las ideas que exponemos están fundamentadas en teorías, métodos y técnicas contrastadas teóricamente y consistentes en su aplicación práctica. Por ello no nos avergüenza fundamentar algunas propuestas en autores del lejano siglo xx. Lo nuevo no es siempre mejor. A veces no es ni siquiera nuevo.

Este rigor autoimpuesto no excluye que la lectura del libro sea lo más fluida posible. Por ello los fundamentos los hemos relegado en la medida de lo posible a las notas al pie de página, que a pesar de ello recomendamos revisar y consultar.

Queremos tratar como adultos a los lectores de este libro, que en su mayor parte seguro que afrontan grandes responsabilidades en sus puestos de trabajo, y sería poco respetuoso suponer que no están capacitados o motivados para leer un texto que vaya más allá de las recomendaciones de sentido común o las fantasías deseables, pero poco realistas. Además, el conocimiento es acumulativo y pocas veces nos encontraremos con ideas radicalmente disruptivas, por más que se empaqueten en inglés y se comercialicen con su acrónimo para facilitar su identificación.

Los autores hemos debatido sobre la ambición del libro que en ocasiones nos parecía modesta. Puede ser cierto, hay propuestas mucho más atrevidas, pero que difícilmente son aplicables en la mayoría de las organizaciones de nuestro entorno. Estas propuestas son intelectualmente seductoras, pero nuestro objetivo es construir un puente entre estas visiones y la realidad actual.

Por eso necesitamos un GPS para pilotar la transición hacia esas organizaciones del futuro, que implican cambios en las culturas organizacionales actuales, en las relaciones de poder que gobiernan nuestras empresas, incluso en los modelos mentales de las personas de los distintos niveles jerárquicos de las empresas de hoy. Este GPS es el objetivo del libro.

Revisar las relaciones de poder nos lleva a sustituir los organigramas por redes y pasar del liderazgo carismático, aunque sea transformacional, a los liderazgos compartidos.

Cambiar los modelos mentales nos lleva a la necesidad de cambiar nuestras creencias construidas alrededor del control y la estabilidad como valores centrales, por otras construidas desde la confianza y la adaptación constante. Implica también diluir el conocido dilema entre reflexión o acción, claramente decantado hacia esta última, por la integración de los dos polos en los procesos de aprendizaje. De todo ello hablaremos en el capítulo dedicado al autoliderazgo.

Estos son los desafíos del siglo XXI. Es precisamente su radicalidad la que nos está presionando hacia un cambio, también radical, en la manera de trabajar. Este cambio radical, a su vez, nos exige tener las ideas claras para conducir la transición.

Todo ello se produce, además, en un entorno que también anuncia un cambio de época que se materializa en la crisis medioambiental y energética asociada, el exceso de mano de obra sustituida por robots o algoritmos, las migraciones masivas e inevitables, la concertación de poder en muchos sectores (por ejemplo, el digital o el financiero), la multiculturalidad, y sin olvidar el creciente malestar entre los trabajadores (incluso los que ocupan cargos directivos) que evidencian muchas investigaciones.

Este libro propone algunas vías para afrontar el reto de conducir la transición. El plan de acción se centra en dos ámbitos clave que se concretan en cinco funciones. Los dos ámbitos son los siguientes:

- Regular la dinámica «Estabilidad <-> Cambio» para hacerla evolutiva.
- Crear una cultura relacional que prime las miradas colectivas sobre las individuales.

La dinámica «Estabilidad <-> Cambio» es un elemento crucial en un mundo en el que el ritmo de cambio se ha acelerado vertiginosamente. La obsolescencia (programada o no) de los productos, el ascenso y caída de las marcas, las competencias profesionales de los trabajadores o los sistemas de gestión empresarial cambian a gran velocidad.

Pero la necesidad de flexibilidad, adaptabilidad y cambio puede desembocar en un mundo más que líquido, gaseoso, intangible, sin certezas que permitan a las personas enraizarse mínimamente, y ello equivale a hablar de inseguridad, ansiedad, pérdida del sentido del trabajo y finalmente desvinculación emocional. Integrar los dos polos (estabilidad <-> cambio) es un factor crítico para el liderazgo actual. No se deje engañar, nadie puede reinventarse constantemente durante mucho tiempo.

El segundo factor que exponemos en los capítulos sucesivos es la generación de una cultura centrada en lo colectivo, imprescindible ante los retos complejos. Veremos esta cuestión desde tres miradas complementarias que, integradas, posibilitan una ecología relacional basada en la consciencia sistémica y colectiva.

La primera función relacional busca asegurar la vinculación de los equipos y especialmente de los diferentes *stakeholders* necesarios para el éxito del proyecto.

La segunda función nos ayuda a crear espacios de diálogo y gestionar eficazmente las relaciones. Estos espacios son estructuras flexibles que dotan de capacidad adaptativa a las estructuras rígidas de los organigramas. Las técnicas de gestión relacional nos ayudarán a que dichos espacios sean operativos.

Finalmente, veremos cómo crear las condiciones para la aparición de la inteligencia colectiva (IC), el recurso más potente del que dispone una organización para responder a los retos complejos que superan la capacidad individual de cualquier líder, y tensionan al límite los organigramas y procesos.

Es importante ver que la IC no puede operar sin una cultura que tenga integrados los espacios de diálogo y que prime las relaciones sanas y sinérgicas entre personas vinculadas a un proyecto. Y a la inversa, la IC favorece la aparición de espacios de diálogo que a su vez demandan relaciones sinérgicas para ser útiles. Es un ejemplo de la circularidad que caracteriza a los sistemas complejos y que nos aparecerá en muchos ejemplos a lo largo de estas páginas.

Necesitamos nuevas respuestas, algunas de las cuales se proponen en estas páginas, no todas ni para todo el mundo, pero que han demostrado ser útiles durante diez años de práctica profesional intentando ayudar a gran cantidad de profesionales a superar las dificultades de los sistemas tradicionales de planificación, a gestionar la creciente desvinculación de los profesionales y al malestar que contamina muchos climas de equipo y las relaciones entre equipos, a acompañar la toma de decisiones en entornos de alta incerteza (y alta ansiedad, por tanto), y tantas otras situaciones que el lector identificará fácilmente.

A lo largo de los distintos capítulos se han añadido ejemplos de organizaciones reales, aunque desfigurados para evitar la identificación de las organizaciones y sus profesionales. También hemos incluido breves cuestionarios de reflexión para que el lector pueda evaluar a su equipo, departamento u organización en relación con cada uno de los temas.

Este libro es una invitación al diálogo. Esperamos que les sea útil y genere intercambios enriquecedores.

Parte I
Las nuevas preguntas

1. Breve historia de la complejidad

El principal cambio ocurrido durante las últimas décadas radica en un aumento constante y progresivo de la complejidad. Para comprender por qué se ha producido y qué consecuencias tiene, en este primer capítulo nos centraremos en dos cuestiones fundamentales: entender la postmodernidad y comprender cómo construimos la realidad.

Puede parecer muy abstracto, pero es el mundo que los norteamericanos denominaron hace décadas con el acrónimo VUCA, y que ha hecho fortuna en Europa desde hace unos años.

El acrónimo VUCA creado por el US Army War College en la década de los noventa del siglo pasado integra las cuatro características del mundo actual que afectan las decisiones estratégicas y los sistemas de planificación y gestión de una organización. El significado de las cuatro iniciales es el siguiente:

- Volatilidad: ejemplificada en la aceleración del ritmo de cambio en aspectos como la tecnología, los hábitos sociales, los escenarios sociopolíticos y económicos, etc.
- Incerteza (*uncertainty* en inglés): referida a la poca claridad sobre el futuro, ante el que aparecen numerosas tendencias que pueden derivar en escenarios alternativos
- Complejidad: que nos advierte de la gran cantidad de actores (o *stakeholders*) internos y externos que afectan o se ven afec-

tados por las decisiones, proyectos o servicios de una unidad
u organización.

• Ambigüedad: que dificulta el análisis de las opciones que son
vagas, permiten diversas interpretaciones y finalmente dificultan
decidir cuál es la decisión correcta, ya que los efectos de las
decisiones no son previsibles fácilmente.

Si el lector comparte que esta es una buena descripción de nuestro
mundo, parece recomendable revisar nuestra manera de gestionar
las organizaciones, que estaba pensada para un mundo muy distinto.

La postmodernidad: la era de la confusión

Imaginemos que estamos en 1960. La protagonista de nuestra historia, Eva, tiene veintitrés años, un título de enfermera recién estre-
nado y vive en una ciudad mediana de un país europeo que inicia su
recuperación tras el desastre bélico de la Segunda Guerra Mundial.
Pronto encontrará trabajo en un hospital cercano a su casa y podrá
contribuir con su salario a la economía familiar. Poco después, conoce a un chico con el que se casa y forma su propia familia.

Estamos ahora en 1985 y María, la hija de Eva, se ha licenciado
recientemente en derecho, aunque su madre siempre quiso que es-
tudiara medicina, y ha recibido una oferta de trabajo en la capital, a
unos quinientos kilómetros de su ciudad natal. A pesar de la distancia
que la forzará a alejarse del que era su mundo hasta entonces, ha
decidido aceptar la oferta. Al poco convive en un apartamento bastante céntrico con un joven economista a quien ha conocido en unas
jornadas sobre comercio internacional. Están bien juntos y de mo-

mento no se plantean el futuro a largo plazo. Además, por cuestiones profesionales, él viaja frecuentemente por distintos países europeos.

Han pasado treinta años más, y Alicia, la hija de María, ha finalizado su postgrado en biotecnología. Desde siempre le interesaba mucho la biología, y desde que leyó de niña sobre la secuenciación del genoma humano quería seguir ese camino, aunque las aplicaciones son tantas que no tiene claro en qué área acabará trabajando. Por otra parte, algunas de esas aplicaciones le producen un cierto cuestionamiento ideológico. De todas maneras, el mercado de trabajo tampoco está para ir con muchas exigencias. Afortunadamente, su inglés es muy bueno y no le importa marcharse a cualquier país del mundo. Ha tenido algunas relaciones breves, la más duradera con una compañera de facultad brasileña, pero este tema no le preocupa demasiado en este momento. Quiere tener todas las opciones abiertas, y aunque esta indefinición le crea una cierta ansiedad, intenta llevarla con ánimo optimista.

¿Qué diferencias hay entre las historias de Eva, María y Alicia? Seguro que hay muchas, pero nos fijaremos en tres: el mundo personal se ha ensanchado, los roles personales (como mujer, profesional, etc.) son progresivamente más abiertos y la libertad de elección, y con ella la responsabilidad sobre la propia vida, ha ido en aumento. Es decir, progresivamente ha aumentado la globalización, la diversidad y la incertidumbre. El mundo de Eva era reducido, rígido y cierto, pero el mundo de Alicia es global, abierto e incierto. Bienvenidos a la Postmodernidad.

En estos sesenta años de vida de nuestras tres protagonistas, han cambiado muchas cosas, porque el ritmo de cambio se ha acelerado, pero, en realidad, esta historia empezó hace mucho tiempo, y es una historia apasionante porque nos habla de nosotros mismos y de nuestro presente.

Los seres humanos siempre hemos aspirado a comprender el universo, dando así sentido a nuestra vida, aunque observamos que el universo no se deja comprender, incluso hoy, con demasiada facilidad. Desde siempre lo que sabemos sobre el llamado «mundo real» tiene un componente real (progresivamente mayor, pero siempre limitado) y una inmensa parte de especulación, de modelo incompleto, de construcción subjetiva, en suma.

Hace veinticinco siglos, el filósofo griego Platón, en el libro VII de la *República*, propuso el mito de la caverna como alegoría de la situación humana frente al conocimiento. Platón, a través de esta alegoría, pone en evidencia las limitaciones de nuestro acceso a la realidad, que ocurre principalmente a través de nuestros sentidos. Hasta que el pensamiento, la observación, la comprensión le permitan acceder progresivamente a otro nivel de conocimiento.

Hasta Copérnico, creíamos que la Tierra era el centro del universo; hasta Darwin, creíamos que la especie humana era única y separada de las otras especies; hasta Einstein y la física cuántica, creíamos que el observador y lo observado, o el espacio y el tiempo, eran independientes. Lo interesante es que nuestros antepasados se explicaban coherentemente el mundo, aunque hoy sabemos que sus explicaciones no son consistentes con nuestros conocimientos actuales. Pero su visión del mundo era útil en ese momento.

Hoy seguimos haciendo lo mismo, porque nosotros también aceptamos y compartimos una serie de convenciones que hacen comprensible nuestra vida y tenemos una visión del mundo coherente, aunque en buena parte inventada. Además, en los inicios del siglo XXI tenemos una característica muy especial, porque la postmodernidad, seguramente, es un periodo de transición entre dos visiones del mundo y como toda época de transformación es inestable, insegura e impredecible.

La visión del mundo que empieza a agotarse, y con ella los modelos mentales de muchas personas es la visión que surgió, en el mundo occidental, del Renacimiento cuando aparecieron dos fructíferas fuentes de las que hemos bebido los últimos siglos, y que son antagónicas y complementarias al mismo tiempo. De un lado, la Ilustración y el pensamiento científico, que sitúan al ser humano como dueño de su destino mediante el progreso tecnológico, que se materializa, por ejemplo, en la Revolución Industrial. De otro el Romanticismo, la mirada hacia el interior, la exaltación de la subjetividad, las pasiones y la búsqueda de la verdad profunda. La primera es el reino de la verdad «objetiva» y el método científico, y la racionalidad son sus leyes. El segundo es el reino de la «búsqueda del sentido», y las artes, uno de sus canales de expresión, aunque posteriormente las ciencias humanas y sociales no le hayan sido ajenas.

Ambas tendencias configuran el mundo occidental hasta la primera mitad del siglo xx. Desde entonces, las crisis económicas se suceden (dos crisis del petróleo en los años setenta, la crisis de la burbuja puntocom en el cambio de siglo, la crisis financiera e inmobiliaria de 2008), hay momentos de euforia (la caída del muro de Berlín en 1989, la eclosión de internet a mediados de los noventa, la Primavera Árabe a principios de la segunda década del siglo xxi) y otros de incertidumbre. Episodios de ruptura y de desconcierto que se suceden rápidamente. Crece una difusa sensación de no saber cómo será el futuro, porque crece la desconfianza en la viabilidad y sostenibilidad del modelo social y económico al mismo tiempo que la carencia de un modelo alternativo claro. Incluso en el mundo artístico se manifiesta esta disparidad y desorientación. Los grandes movimientos de las vanguardias del primer tercio del siglo xx se ven reemplazados por eclecticismos y el rechazo de cualquier canon.

El reino de la verdad objetiva y única hace tiempo que está en crisis: en la propia ciencia, por su propia evolución; en la tecnología, por sus efectos secundarios (véase el impacto medioambiental de nuestro modelo económico), y socialmente, con la desaparición de las grandes verdades culturales y utopías, sustituidas hoy por innumerables pequeños relatos, todos igualmente válidos *a priori* y que debemos aceptar para vivir en una sociedad global, multicultural y diversa.

Como destacan los sociólogos Peter Berger y Thomas Luckmann (1997), el pluralismo de nuestro tiempo conduce a la relativización de los sistemas de valores y esquemas de interpretación, y esta relativización nos lleva a la pérdida de un sentido global. Este proceso se puede considerar también como el origen de la crisis de las grandes instituciones sociales (religión, estado, familia, quizás también la empresa) que eran las encargadas precisamente de acumular y transmitir sentido a las personas.

La cuestión del sentido es trascendente, ya que, en palabras de los mismos autores, el sentido «es la consciencia del hecho de que existe una relación entre las varias experiencias» (pág. 32). Otro sociólogo, Richard Sennet (2000), abunda en esta cuestión en relación con el mundo del trabajo cuando relaciona la flexibilidad y el corto plazo que caracterizan al trabajo en las organizaciones actuales, con la corrosión de la confianza y el compromiso que ello supone. La sensación constante de estar de paso permite la creación de vínculos débiles y poco duraderos.

En estas condiciones, en palabras de Sennet, cada vez es más difícil dotar de sentido, tener una narración lineal sobre la propia vida profesional. Este mundo de cambio constante y sin anclajes claros (la experiencia pasada no sirve para el futuro) resulta incierto y fragmentado y, por tanto, «solo puede parecer posible crear narrativas coherentes sobre lo que ha sido, y ya no es posible crear narrativas predictivas sobre lo que será» (pág. 142). Y si no hay futuro claro, la ansiedad se apodera del presente.

El narcisismo del ser humano también ha sufrido duros golpes, como la decepción de un siglo xx pleno de guerras e injusticias, cuando debía ser el siglo definitivo en el progreso de la humanidad, o la cura de humildad que significó Freud a principios del siglo pasado, o los recientes avances de las neurociencias en nuestros días.

Vivimos, pues, en el mundo del «depende», en el que todo puede ser cierto, o no, el sentido es local en una sociedad global, y temporal (como muestra la escasa duración de las noticias de portada en los medios de comunicación). Un mundo, en suma, en que el individuo debe esforzarse en construir una identidad y cambiarla con suma facilidad, y en el que no es extraño que los libros de autoayuda sobre cómo «reinventarse a uno mismo» estén a la orden del día.

La sociedad digital, con internet a la cabeza, es un motor de esta situación y al mismo tiempo un ejemplo: tenemos a un clic de distancia «toda» la información (aunque no sabemos si es fiable), una persona tiene miles de «amigos» en todo el mundo (aunque no los haya visto nunca), millones de personas crean y difunden relatos sobre la actualidad al mismo tiempo (aunque no sabemos si son contradictorios).[1]

---

1. El impacto de la sociedad digital en las personas ya merece también la atención de los investigadores. El filósofo y sociólogo Jean Baudrillard (1929-2007) desarrolló al final del siglo xx el concepto de hiperrealidad, acercándonos al impacto de la sociedad digital sobre nuestra representación de la realidad. Este concepto parte del hecho de que la realidad de nuestro entorno no es única, sino que se constituye en un conjunto de realidades paralelas con las que construir nuestro discurso de actuación, en la medida en que vamos tomando unas decisiones y no otras. Es decir, que, en lugar de alejarnos de una supuesta realidad objetiva, nos ayuda a tomar conciencia de que cualquier realidad es construida, con o sin nuevas tecnologías.

Por estos motivos, la Postmodernidad se configura, no tanto como una época con un nuevo marco de certidumbres que sucede al de la Modernidad y del Romanticismo, sino como una época de crisis de los antiguos modelos y de transición hacia la emergencia de un nuevo modelo aún por modelar. Probablemente, no se trata tanto de inventar un nuevo modelo como de redefinir y trascender las dos grandes herencias.[2]

Lo que caracteriza la Postmodernidad es el cuestionamiento de la capacidad de conocer el mundo real (principio básico de la Modernidad) que nos lleva a una visión constructivista (cada persona construye su realidad), y esta a su vez a la pérdida de un sentido compartido y colectivo, como evidencia la progresiva desafección a los grandes relatos y mitos sociales que nos ofrecían la religión, la democracia liberal o cualquier otra ideología, el estado del bienestar o el progreso constante como ley natural.

Individual y socialmente, significa pasar de descubrir el sentido inherente de las cosas a inventar y compartir este sentido. Por eso, los grandes relatos se van sustituyendo por relatos parciales (de los valores de la Biblia al pragmatismo de los libros de autoayuda) y mitos con fecha de caducidad (de la *Odisea* a la última temporada de la serie de éxito en Netflix), y en ocasiones en un pluralismo superficial que puede derivar en una aceptación de una diversidad que no se comprende ni se integra.[3]

2. Como dice el filósofo Salvador Pániker (2008), «hay una latente llamada a la conciliación entre razón y mística como mejor respuesta al nihilismo de la pura fragmentación» (pág. 99). Es la conciliación entre el logos de la Ilustración y el mitos del Romanticismo, que Pániker llama «retroprogresión», donde podemos encontrar la conjunción entre lo innovador y lo tradicional, entre la mística y la ciencia. Todo aquello que nos unifica como seres humanos.

3. La evolución hacia la postmodernidad puede consultarse en Tarnas (2008). Un libro fundacional en los estudios sobre la postmodernidad, aunque de difícil lectura, es *La*

El impacto de este mundo sobre las personas no puede dejar de ser trascendente. En un mundo fragmentado corremos el riesgo de ser personas fragmentadas. Paradójicamente, este mundo altamente interconectado exige al individuo que se encargue plenamente e individualmente de su personalidad, que construya una identidad o unas identidades. Aquellas preguntas que disponían ayer de respuestas bastante claras (buenas o malas, esa es otra cuestión) deben ser respondidas hoy por cada individuo: ¿qué significa ser hombre o mujer?, ¿qué quiere decir ser pareja de alguien, ser padre o madre?, ¿quién soy profesionalmente si cambio de empresa y oficio frecuentemente?[4]

Y por ello la necesidad de la adscripción grupal se hace también más imperiosa, sea en una red social, como seguidor de un club deportivo, siguiendo una determinada moda o con actitudes fanáticas, en el peor de los casos. Lo que parece claro es que en el mundo que se anuncia deberemos recuperar y reinventar el concepto de comunidad, lo colectivo debe acompañar al individuo en este camino, ya que, de no ser así, difícilmente los individuos solos podrán hacerlo.

---

condition postmoderne de Jean-François Lyotard (2004). El concepto de «modernidad líquida» del sociólogo polaco Zygmunt Bauman hizo fortuna hace unos años para describir metafóricamente una de las características de la Postmodernidad, la falta de ámbitos de estabilidad, el cambio constante, la relatividad omnipresente. Bauman aborda en sus escritos también aspectos como la «infidelidad» ante cualquier vínculo (todo, lo material, lo relacional es de «usar y tirar»), Entre su extensa obra, puede consultarse por ejemplo: *Globalització: les conseqüències humanes* (2001).

4. Uno de los primeros autores en analizar la sustitución del yo romántico y el yo moderno por el yo postmoderno fue Kenneth Gergen (2010), quien habla de la saturación del yo debida al incremento exponencial de comunicación y relación del ser humano actual. Para este autor, el yo, en el sentido tradicional, debe ir dejando paso a un Yo más relacional y comunitario que permite a la persona manejar la diversidad y la pluralidad del mundo actual. En este sentido coincide con Sennet (2000), quien propone fortalecer los lazos de dependencia comunitarios para paliar la imposibilidad de construir narraciones personales de futuro.

A lo mejor, en parte, este cambio verá facilitada su transición por la incorporación progresiva de la mentalidad digital que incluye la concepción de red y nuevos paradigmas de cooperación y de relaciones más simétricas.

No estamos hablando de un derrumbamiento de la cultura occidental: simplemente estamos ante un momento de crisis que nos informa de que nuestra manera de pensar y funcionar ya no es válida, ya no puede resolver las situaciones que hemos creado, y debemos adaptarnos a un nuevo mundo, también creado por nosotros, como ya ha pasado numerosas veces en la historia de la humanidad. Ahora bien, esta adaptación pasa por la emergencia de nuevos modelos mentales. Al igual que con mentalidad analógica no se entienden bien las posibilidades del mundo digital, aunque lo utilicemos, con esquemas antiguos no sabremos afrontar los retos actuales. Como dijo Albert Einstein, el mundo que hemos creado es el resultado de nuestro nivel de consciencia; los problemas creados no se resolverán a ese mismo nivel.

Todo ello no es una elucubración teórica, bien al contrario, y como veremos en la segunda parte del libro es de vital importancia para la gestión de las organizaciones actuales.

La complejidad ha llegado a nuestras vidas

Es probable que alguna vez haya adquirido en alguna ocasión un mueble desmontado que, luego ya en su casa, debe armar usted mismo. Al abrir la caja el cliente recuerda como era el mueble (montado) en la tienda, dispone de un manual de montaje paso a paso, todas las piezas del mueble (maderas y tornillos) y las herramientas necesarias. Todo ello queda desordenadamente disperso en el suelo de la habitación. En ese momento nuestra mirada observa una situación complicada: muchas piezas desordenadas que deben ensamblarse de una manera y con un orden determinado. Una situación complicada tiene, afortunadamente para los montadores de muebles, una serie de cualidades:

- Es estable: las piezas no modifican su forma durante el montaje.
- Tiene un manual de instrucciones y disponemos de los recursos necesarios.
- Tiene una solución correcta, y si construimos una mesa inclinada o un armario que abre sus puertas hacia dentro sabremos que nos hemos equivocado.
- Una vez resuelto el problema, la solución perdura (a no ser que el montaje sea una chapuza y el armario se derrumbe al colgar la primera camisa).

Imaginemos una situación que no es estable ya que aparecen y desaparecen piezas y además cambian de forma, hay varias formas correctas de hacer el montaje, pero no está clara cuál nos conviene, no tenemos manual de instrucciones y no sabemos qué recursos necesitamos exactamente para salir airosos del reto. Además, si lo conseguimos, nuestra solución quedará obsoleta en poco tiempo. Evidentemente, nadie montaría un mueble en esas condiciones, y parece que estemos hablando de una escena de una película cómica. Pero la verdad es que estamos enfrentándonos a situaciones así constantemente. Estas situaciones no son complicadas, son complejas.

Las relaciones en una familia, un partido de fútbol o dirigir un equipo de trabajo son situaciones complejas porque no son estables, no hay una única solución correcta, no disponemos de manual de instrucciones detallado, y las soluciones que conseguimos tienen fecha de caducidad bastante inmediata (en el momento en que cambie la situación).

Hay situaciones complejas que nos afectan a todos, por ejemplo, la crisis económica.

A principios de 2020, antes de la aparición de la COVID-19, la euforia y la confianza anteriores a la crisis se habían convertido en pesimismo e incertidumbre, y muchas personas se preguntan: ¿cómo hemos sido tan estúpidos? La respuesta obviamente no es simple e interpela a nuestros valores postmodernos, modelos de creencias y sesgos cognitivos, a los que hay que añadir las relaciones de poder económicas y la especulación explícita, pero también la ingenuidad de creer que es posible controlar un sistema de alta complejidad como es la economía mundial. Un sistema complejo descontrolado puede avanzar hacia una situación caótica.

Si temas tan serios como la economía mundial, el clima, las relaciones sociales, las empresas, la política o una pandemia como la COVID-19 son situaciones complejas, haremos bien en tomarnos en serio qué hacemos ante la complejidad. En primer lugar, hay que identificarla y reconocerla para evitar un autoengaño simplista. Podemos desconfiar de entrada de aquel que pretende disponer de «la solución» frente a una situación obviamente compleja. O no habrá identificado la naturaleza de la situación, o no es consciente de sus propios límites. Luego debemos saber adaptar la forma en que la afrontamos.

Nuestro mundo global, postmoderno y digital es progresivamente más complejo y, ante la complejidad, nuestro pensamiento analítico, útil ante situaciones complicadas que pueden descomponerse en partes y ser analizadas a fondo y rectificadas si conviene, resulta insuficiente.

Por otra parte, y esta es una buena noticia, los sistemas complejos no son caóticos, en realidad el caos es una posibilidad de un sistema complejo, y por tanto podemos comprender algunas cosas de su dinámica.

Etimológicamente, la palabra *complejidad* viene del latín *complectere* donde *plectere* significa «trenzar, enlazar». El prefijo *com* añade el sentido de la dualidad, de dos elementos opuestos que se enlazan íntimamente, pero sin anular su dualidad. El llamado pensamiento complejo, acuñado por el sociólogo francés Edgar Morin, ha ido profundizando los diferentes aspectos de esta nueva disciplina. La mirada compleja nos permite ver los distintos elementos y de qué manera están enlazados. Pero, sobre todo, a medida que se va practicando, permite ver emerger un nuevo todo en la relación entre las partes. Para ilustrar, pensemos en los diferentes elementos que componen nuestro cuerpo, los órganos, los huesos, el sistema circulatorio, la musculatura, etc. Se puede comprender, analizar, incluso intervenir sobre cada uno de ellos por separado (como ha ido haciendo la medicina, a través de la especialización). Pero cuando miramos a un ser humano, debemos ser capaces de sentir, de percibir algo más que un conjunto de sistemas entrelazados. Vemos entonces aparecer un nuevo sistema complejo: un organismo completo, una persona.

El pensamiento analítico busca causalidades, el complejo intenta entender dinámicas. Son dos maneras distintas y completarias de observar la realidad.

El pensamiento analítico preponderante en la cultura occidental se basa en identificar las secuencias causa-efecto. A veces podemos cambiar las causas de los efectos indeseados; en otras, solo podemos actuar sintomáticamente para controlar los efectos, pero no hay duda de que es muy útil, hasta el punto de que lo hemos identificado con la única manera de pensar.

El pensamiento complejo observa los movimientos que hace un sistema no lineal (aquellos en los que la causalidad lineal no funciona) para adaptarse al entorno. El sistema está estable (mantiene un orden interno) y por alguna modificación del entorno, o también interna, este orden se desequilibra. El sistema se autorganiza, es decir, sus elementos buscan un nuevo equilibrio (principio de homeostasis), y en ese momento pueden atravesar episodios que podemos calificar como caóticos, en los que aparecen diversas alternativas de evolución o puntos de bifurcación. Una de las alternativas cobra protagonismo y viabilidad y se convierte en «atractor» y aparece un estado emergente que crea un nuevo orden.

Afortunadamente, los seres humanos podemos ampliar nuestra visión, aunque no estemos tan habituados a ello, y estas nuevas visiones nos permiten abordar la complejidad con mejores perspectivas de éxito, porque transforman nuestra manera de percibir y de pensar.

Igual le sorprende, pero usted ha practicado ya estas otras formas de pensar en más de una ocasión cuando, por ejemplo, mira un paisaje de montaña y, en lugar de observar uno u otro árbol, capta la totalidad que sus ojos perciben y que su cerebro analiza. También lo habrá vivido si es practicante o espectador de deportes de equipo: por ejemplo, un partido de baloncesto. Después de un tiempo muerto, el equipo rival ha cambiado la defensa, ahora en lugar de defender individualmente defiende en zona. Usted se enerva porque los jugadores de su equipo están desconcertados y no anotan en tres ataques seguidos. ¿Qué ha cambiado en relación con dos minutos atrás? La forma física de los jugadores por supuesto que no, su capacidad técnica evidentemente tampoco. Lo que ha cambiado es el «sistema» ante el que juegan: antes cada jugador defendía a un rival, ahora defienden una porción de la cancha, y lo que hay que ver para «leer bien el partido» es el conjunto de la defensa para atacarla bien. Ante la defensa individual, conocer bien al defensor para aprovechar sus puntos débiles es clave, ante una defensa en zona esto es menos importante que «ver» los movimientos de los cinco jugadores, sus ajustes en cada momento, la coordinación con la que efectúan las «ayudas».

Pedimos excusas a los aficionados al baloncesto por la simplificación, pero lo que nos interesa destacar es que a veces si no vemos toda la cancha, y vemos solo el jugador que tenemos enfrente, por muy estudiado que lo tengamos, perdemos el partido. Ante las situaciones complejas de la vida, nos puede pasar lo mismo. Por ello, igual que en el baloncesto, hay que cambiar la táctica.

¿Percibimos la realidad o la construimos?

En el apartado anterior hemos mencionado en varias ocasiones, de forma más o menos explícita, pero con absoluta normalidad que la realidad es construida por quien la observa. Semejante aseveración debe ser argumentada, principalmente por dos motivos. En primer lugar, porque puede resultar contraria al sentido común, pero también porque es un concepto básico para entender algunas dificultades que nos plantea la complejidad, ya que la subjetividad no hace sino ampliar la incerteza, la ambigüedad y las dificultades de encontrar un cierto orden en el mundo complejo.

Si usted observa lo que le rodea en este momento, supongamos que está leyendo este libro sentado en un sillón en el salón de su casa, verá unos muebles, unos cuadros en la pared, un receptor de televisión, y a lo mejor a algún miembro de su familia haciendo cualquier actividad. Ese entorno es la realidad, está ahí y es describible con todo detalle. O al menos la mayoría de las personas nos dirían eso sin dudarlo. Pero resulta que las cosas no son exactamente así, y por diversos motivos que explicaremos a continuación según los conocimientos actuales de la psicología y las neurociencias.

Para ello comentaremos brevemente algunas peculiaridades de los procesos de percepción y del funcionamiento en general de nuestro cerebro:

Nuestro sistema nervioso está organizado en sistemas (grupos de redes neuronales más o menos especializadas). Disponemos de tres grandes sistemas: entrada de información a través de los sentidos, respuestas motoras y asociación o gestión de la información.

Nuestra capacidad sensorial nos permite recibir estímulos de determinado tipo y no es sensible para otros estímulos. Todos sabemos que no «vemos» la radiación infrarroja y la ultravioleta porque escapan de las longitudes de onda que puede percibir nuestro sentido de la vista, o que no podemos «oír» sonidos de determinada frecuencia. Pero esa luz y ese sonido pueden estar en nuestro entorno, lo que sucede simplemente es que parte del entorno no es perceptible por el ser humano.

Nada nuevo, ¿verdad? Esto es una curiosidad conocida y con aparente poca relación con la construcción de la realidad, pero podemos ir un poco más allá. Nuestra capacidad de percepción tiene otro límite, ya no cualitativo, sino cuantitativo.

Volvamos a la situación de nuestro lector en su sillón con el libro en sus manos. En un momento determinado, cuántos estímulos recibe y de cuántos es consciente. Haga la prueba usted mismo: está concentrado (o eso esperamos) en lo que está leyendo, en sus manos siente el contacto con el papel del libro, siente su peso sobre el sillón y la textura de este (más duro o blando), la habitación está a una determinada temperatura, la luz, natural o artificial, es clara y suficiente o un poco escasa, ¿todos los muebles están en su sitio (la mesa del comedor, las sillas, el sofá, la mesita auxiliar, las lámparas), ¿hay alguna lámpara más encendida?, las alfombras, tres cuadros de los cuales uno es figurativo y describe un paisaje con montañas y árboles, y otro abstracto, con un ingeniosa combinación de formas y colores, ¿qué están haciendo las otras personas?, en el caso de que estén hablando, ¿cuál es el contenido de su conversación?, quizás se escuche el ruido del tránsito de la calle, o a lo mejor una lejana melodía proveniente de la radio de un piso vecino...

No es necesario seguir: es imposible ser plenamente consciente de manera simultánea de todo ese volumen de información y, por lo tanto, seleccionamos los estímulos que nos resultan más relevantes. Si el libro que estoy leyendo me resulta interesante, «estaré concentrado» en él y gran parte de los otros estímulos desaparecen de mi consciencia. Si la temperatura es muy alta, seré consciente de ella y haré algo para remediarlo como abrir la ventana, o si la conversación de mi familia me parece importante, mi atención se focalizará en ella y abandonaré la lectura por un rato.

Ante la sobredosis de información, la evolución nos ha dotado de la capacidad de focalizar la atención; esto es, de eliminar de nuestra consciencia aquella información que no es inmediatamente relevante para concentrarnos en la que si lo es. En nuestro ejemplo, el riesgo de no focalizar la atención no es más que la distracción y no leer el libro, pero pensemos en un cazador de hace unos miles de años: no podía permitirse dedicar parte de su atención al contacto del sol en su piel, la dureza del terreno que pisaba, el roce de las pieles sobre su espalda o el de las gotas de sudor sobre su mejilla. Toda su atención debía estar focalizada en la presa o en los peligros que le podían acechar: en ello le iba la vida. El mismo mecanismo que «inhibe» las señales del dolor durante el esfuerzo (la pelea, el partido, la reunión, etc.) permite centrarse en la información más relacionada con la supervivencia a corto plazo.

Como sucede en muchos aspectos de la evolución, las ventajas son ciertas, pero tienen efectos colaterales porque, como veremos, la parte de la realidad a la que prestamos atención y la que desechamos sigue en cada persona unas pautas personales y recurrentes. Por el momento, nos basta con un ejemplo: todos conocemos personas que con solo mirarnos a la cara saben si estamos emocionalmente bien o no, y en cambio otras necesitan que les expresemos verbalmente como nos sentimos: si no lo hacemos, la «realidad» para la primera persona será diferente que para segunda.

El lector podrá pensar que todo esto es cierto, pero que finalmente no dejan de ser situaciones puntuales y que podemos rectificar gracias a otra capacidad que nos ha regalado la evolución: el pensamiento. Estamos convencidos de que nos podemos «dar cuenta» de lo que está ocurriendo y «corregir» los errores. La respuesta es sí, pero un sí muy condicional si hablamos de situaciones mucho más complejas que leer un libro.

En septiembre de 2008, saltó la gran noticia: Lehmann Brothers se había declarado insolvente. Un amigo, directivo en un gran banco español, lo definió como la caída de un mito. Lo sucedido después es historia conocida de todos: crisis financiera, inmobiliaria, de la deuda pública y privada, paro, recesión…; todo ello en distintas dosis y gravedad según los países. La fantástica burbuja mental en la que estábamos instalados hasta 2007 explotó hecha añicos.

Ahora muchas personas, expertas o no, afirman sin rubor que todo eso era predecible, pero en su momento pocos lo hicieron y la mayoría nos dejamos llevar por el viento de la prosperidad ilimitada. No es de extrañar esta valoración *a posteriori*, es lo que los psicólogos llaman «sesgo cognitivo retrospectivo»; es decir, cuando conocemos las consecuencias de un acto, tendemos a pensar que esas consecuencias eran previsibles. Una vez sabido el resultado negativo del partido, todos sabemos cuál hubiera debido ser la táctica.

Hasta 2006 estaba activa otra epidemia cognitiva conocida, el sesgo confirmatorio. El mito no era Lehmann Brothers, el mito era el crecimiento constante y desmesurado, y cualquier dato que lo cuestionara era tachado rápidamente de herejía. ¿Quién podía cuestionar que la globalización y el aumento del comercio internacional, el crédito barato, el uso intensivo de las TIC o los últimos métodos de *management* no significarían una época de prosperidad y crecimiento ilimitados, aunque había voces, pocas, pero las había, que alertaban de los riesgos de la desregulación del sistema financiero, o la frágil integración europea que debía sustentar el euro? Una vez interiorizada la opinión de que el crecimiento y el progreso son naturales, filtramos la información de tal manera que solo atendemos a aquella que nos confirma nuestras opiniones y no consideramos la que las cuestiona.

En situaciones complejas, y por tanto con alta incerteza, es muy difícil pensar de forma lógica, ya que hay que manejar ingentes cantidades de información que además puede parecer contradictoria entre sí y que va cambiando rápidamente. Para evitar este problema, hemos «inventado» los sesgos, que son formas de pensar que simplifican la realidad a partir de nuestra experiencia, intuición, suposiciones, etc. Son útiles, por supuesto, pero también peligrosos. Si volvemos a la crisis, ¿cuál es la realidad?

Bien, sabemos que: no lo podemos percibir todo, que fijamos la atención en parte de lo que está ocurriendo y que el pensamiento lógico nos puede jugar malas pasadas. Pero aún hay más.

Vamos a añadir ahora otro factor que nos ayuda a entender los motivos por los cuales la realidad es construida: la subjetividad como característica inevitable del funcionamiento psíquico.

Cada individuo solo puede percibir la realidad desde uno mismo, como sujeto principal y único. No podemos percibir la realidad de otro: aunque nos podamos esforzar por entenderla, seguirá siendo nuestra experiencia de su realidad. Para entender la trascendencia de esta obviedad, debemos entender qué sucede entre el instante en que percibimos los estímulos hasta que se ejecuta nuestra respuesta y descubriremos la complejidad de nuestro cerebro.

A pesar de todo lo dicho, el lector puede seguir pensando que siempre que el estímulo sea perceptible por sus sentidos, teniendo la atención focalizada y controlando sus sesgos, lo que percibirá será una realidad bastante fiable. La respuesta es afirmativa, pero… vuelve a ser condicional y resulta imposible si la situación es compleja.

Empecemos por una situación simple. Usted está leyendo el libro, su atención está concentrada y su mente abierta a reflexionar sobre las ideas que lee sin prejuicios. El estímulo visual (el texto) le llega como energía lumínica a la retina (por cierto, en la retina la imagen está invertida), pero el cerebro funciona con energía eléctrica no lumínica. Por tanto, entre la llegada del estímulo y la respuesta, por ejemplo, el acuerdo o el desacuerdo con las ideas del libro, el cerebro hace algunas cosas.

Lo primero que hace es transformar la energía lumínica en eléctrica, lo que los psicólogos llaman «transducción», en células especializadas de recepción visual (algo equivalente sucede con los otros sentidos). La energía eléctrica producida ya puede circular por el cerebro y lo interesante es que su excursión (con la ayuda de los neurotransmisores) es bastante larga porque hacemos bastantes cosas con cada estímulo. Por ejemplo, si usted es castellanohablante la comprensión de las palabras y las frases le resultará en general simple (a no ser que los autores escriban francamente mal) porque no es consciente de que constantemente va a buscar en su memoria el significado de cada palabra. Si usted habla un inglés solo correcto, sería mucho más consciente del proceso si este libro estuviera escrito en inglés. Hasta aquí solo comprendemos las palabras, pero hay mucho más. Por ejemplo, ¿las ideas del libro me recuerdan las de otro libro que leí anteriormente?, ¿o las contradicen?, ¿qué opinión me formo ante la discrepancia?, ¿me interesa seguir leyendo o me aburre?, ¿cómo me siento ante algunas de las ideas del libro: enojado, esperanzado, preocupado?

Con este ejemplo simple podemos ver que la excursión del estímulo por nuestro cerebro atraviesa numerosas funciones cerebrales cognitivas, emocionales y motivacionales. Es decir, una idea del libro se verá confrontada a las experiencias y conocimientos previos, creencias, valores, intereses, sentimientos, del lector, y todo ello antes de la respuesta que en este caso puede ser seguir leyendo o no.

La inevitable subjetividad implica que la percepción de la realidad, y por tanto la respuesta, no puede sino verse condicionada por todas las funciones cerebrales citadas, y estas tienen contenidos distintos en cada persona.[5]

---

5. El proceso psicológico de construcción de la realidad ha sido profusamente estudiado, y los modelos son muchos. Para iniciarse en ello, resulta útil, por su rigor y comprensi-

En un esquema muy simplificado, podemos resumirlo así:

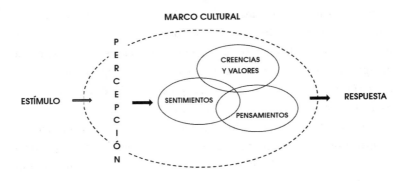

Figura 1. La complejidad interna de las conductas

No hay que caer en un relativismo común en las teorías postmodernas («Todo es cierto, y su contrario también»). La inevitable subjetividad no implica que todas las opiniones tengan el mismo valor. Si un lector de este libro lo considera muy bueno y diez mil lo consideran una tontería, es probable que el libro no sea muy bueno. El

---

bilidad, el *Modelo organizador del pensamiento*, de las psicólogas Montserrat Moreno y Genoveva Sastre (2010). En resumen, las autoras, tras argumentar la inevitabilidad de construir modelos que representan la realidad (pero no son la realidad), identifican cuatro elementos constitutivos: los datos que seleccionamos, el significado que damos a esos datos, las relaciones que inferimos entre los distintos elementos escogidos y la organización en forma de sistema que resulta de todo ello. Este proceso, es importante destacarlo, no es exclusivamente cognitivo, sino que en gran parte es emocional.

acuerdo social es una buena protección contra este riesgo, aunque no suficiente, como hemos visto en los ejemplos de sesgos cognitivos. El método de la oscilación, que desarrollaremos en el capítulo 3, nos ofrece maneras para identificar y comprender cómo es «mi subjetividad»; es decir, cómo construyo «mi realidad». Esta toma de consciencia puede ayudarnos a descubrir que las soluciones que utilizamos para resolver los problemas no funcionan simplemente porque el problema es otro y no lo percibimos, o incluso porque el problema solo existe en relación con nuestras propias limitaciones y, por tanto, lo estamos creando nosotros, ya que para otro grupo de personas esa situación no es un problema. Volvamos al ejemplo del inglés. Si un lector no sabe inglés, una conversación telefónica con un cliente de Londres es un problema, pero no lo será para otra persona que domine el inglés. Vuelve a ser obvio, pero la mayoría de las personas siguen considerando que los problemas son objetivos y universales.

2. La complejidad en nuestras organizaciones: síntomas y perplejidades

En el capítulo 1 hemos descrito qué implica vivir en el mundo complejo característico de la postmodernidad. La conclusión es que necesitamos nuevas respuestas porque nuestros sistemas de análisis y de toma de decisiones están quedando obsoletos. Y necesitamos nuevas respuestas sencillamente porque han cambiado las preguntas. La pregunta sería entonces: ¿cuáles son las nuevas preguntas?

Este libro explica un método que propone a las personas que tienen la responsabilidad de liderar organizaciones, públicas o privadas, un entrenamiento metódico para ir posicionándose mejor ante un mundo huérfano de grandes certidumbres y momentos de estabilidad. Un mundo en permanente cambio y reconfiguración. En estos inicios del siglo XXI, nos sobrecoge en ocasiones esta desagradable sensación de que nuestros recursos personales y profesionales –estos mismos con los que nos hemos desenvuelto hasta ahora y que han contribuido a nuestros éxitos pasados– empiezan a ser insuficientes. Nuestra primera reacción lógica es incrementar estos recursos, doblar la dosis de nuestras soluciones. Si habían funcionado, ¿por qué no lo van a hacer ahora?

Pero a veces, como ya hemos señalado en la presentación, los expertos en comunicación y cambio del Mental Research Insitute de Palo Alto descubrieron que la paradoja es que aplicar «más de lo mismo» para solucionar un problema puede convertir la solución en el problema (Watzlawick, Weakland y Fisch, [1995]).

El sentido común nos dice que si la solución no funciona hay que cambiarla, y si la nueva tampoco es eficaz, es que el problema posiblemente está mal definido o no tiene solución. Aun en este caso, es mejor saberlo para poder adoptar nuevas respuestas, aunque sean solo paliativas. Debemos cambiar las preguntas, porque lo que estamos aprendiendo de nuestra experiencia profesional es que de manera progresiva el mundo ha cambiado y no hemos sido suficientemente conscientes de ello, con el resultado de que seguimos empleando las mismas respuestas para situaciones profundamente distintas, y cuando no vemos mejoría, simplemente doblamos la dosis.

No es necesario recordar con detalle la historia de la rana nadando en el agua que se va calentando poco a poco hasta que es demasiado tarde y acaba hervida. La moraleja es que es mejor no hacer como la rana y reconocer a tiempo que los tiempos han cambiado. Por ello, antes de explicar el método, es importante ver en qué han cambiado y por qué nuestros recursos y conocimientos heredados resultan insuficientes.

Características de los sistemas complejos

A continuación, describiremos algunas de las características de los sistemas complejos para ver cómo podemos intervenir o influir en ellos, difícilmente gestionarlos en el sentido estricto, porque los sistemas complejos no se dejan gestionar. Las características siguientes, si bien están extraídas de las teorías de la complejidad, de sistemas y de las redes sociales, no están planteadas desde un punto de vista académico, sino desde la perspectiva aplicada y pensando en las situaciones complejas ante las que nos enfrentamos en la vida cotidiana.[6] Al final del capítulo aplicaremos estas características al mundo organizacional, y veremos las consecuencias que ello comporta para la gestión.

La unidad de complejidad es el sistema

Como hemos visto en nuestro partido de baloncesto, el sistema (los cinco jugadores) es la unidad de observación. Esto es válido desde un átomo hasta el universo en su totalidad.[7] También para una familia, una empresa o una ciudad.

Un sistema comprende unos elementos en interacción, y esto también es válido para un átomo y para el universo. En el átomo, las partículas subatómicas son de dos tipos: los fermiones (materia) y los bosones (fuerzas o interacciones). En el universo tenemos estrellas y planetas y la fuerza gravitatoria. En un grupo social tenemos personas y sus relaciones. Cualquier sistema está compuesto así. Si el sistema es estático, el análisis de los componentes nos dará una

---

6. La complejidad se plantea actualmente como un nuevo paradigma y su estudio procede de disciplinas y teorías diversas. En realidad, no disponemos aún de una teoría de la complejidad, sino de una serie de enfoques procedentes de la física, las matemáticas, la biología y las ciencias sociales que de forma más o menos integrada nos empiezan a dar un poco de luz sobre los sistemas complejos. Entre otras teorías y modelos, podemos citar la mecánica cuántica (Planck, Schrödinger, Heisenberg), la teoría del caos (Yorke), la cibernética (Wiener, Von Neumann), la teoría general de sistemas (Von Bertalanffy), el pensamiento complejo (Morin), las estructuras disipativas (Prigogine), etc. Un detallado estudio sobre la complejidad en el nivel social puede consultarse en Pérez y Sanfeliu (2013).

7. Esta continuidad entre los niveles micro y macro y entre los niveles físico, biológico y social está detenidamente estudiada por uno de los autores clásicos sobre la complejidad, el sociólogo Edgar Morin. Aunque la lectura no es fácil, puede consultarse en Morin (2009).

información muy útil, pero si es dinámico, comprender las fuerzas (las relaciones) puede resultar más provechoso.

Es importante tener en cuenta que las estructuras sociales (los sistemas) condicionan las relaciones permitidas entre sus miembros, y las relaciones condicionan los elementos, es decir, que, en un sistema social, para entender a las personas que lo forman, puede resultar más revelador mirar las relaciones y la estructura general del sistema que las peculiaridades de cada persona. Por ejemplo: una familia con fuertes conflictos (sistema) condiciona las relaciones, que serán crispadas, y estas a su vez limitan las conductas de los individuos.

La causalidad es circular

Las situaciones simples se rigen por el principio de causalidad lineal, que quiere decir que una causa ocasiona un efecto. Si no hay ninguna disfunción, cada vez que aparezca la causa producirá el mismo efecto. Es lo que sucede cuando pulsamos el interruptor del ordenador, si hay fluido eléctrico y el aparato funciona, en pocos segundos aparecerá la imagen en la pantalla. Si no aparece, sabemos que hay una avería, sea en el fluido eléctrico, sea en el propio instrumento, buscaremos dicha avería e intentaremos solucionarla.

Las situaciones complejas no funcionan así. La misma causa puede producir efectos distintos, o el mismo efecto puede deberse a causas diversas. A veces ni siquiera está claro qué es la causa y qué es el efecto, porque la causalidad es circular. Parece cosa de locos, ¿no? Pues en realidad este tipo de situaciones son de lo más cotidiano, como podemos ver en los siguientes ejemplos.

La misma causa puede producir efectos distintos: ante el inicio de las vacaciones, las autoridades de tránsito anuncian las franjas horarias en las que las carreteras y autopistas estarán más colapsadas.

Miles de conductores pueden decidir evitar esa franja, con lo que los embotellamientos se trasladan a los horarios supuestamente seguros, o bien pueden pensar que ese será el comportamiento de los demás y mantener el horario. Si todos los conductores piensan así, es fácil imaginar el resultado.

El mismo efecto se puede deber a causas distintas: el embotellamiento se puede producir por el motivo descrito, porque la difusión de la recomendación se ha hecho mal, porque miles de conductores consultan a la vez la situación del tránsito en su móvil y deciden salir en ese momento ya que las vías parecen fluidas…

La causa y el efecto no están claros: parecía claro que no hacer caso de la recomendación de las autoridades de tránsito es la causa y el embotellamiento el efecto, pero en realidad la causa es la reacción incierta de los conductores, aunque si preguntamos a las autoridades nos dirán que ellos se basan en la experiencia del año anterior −o sea, que la causa hay que buscarla un año atrás−, y los conductores responderán que si hacen caso de las recomendaciones seguro que hay embotellamiento. Por cierto, que el embotellamiento de este año tendrá algo que ver con el comportamiento de los conductores del año siguiente… Por eso hablamos de causalidad circular.

Este último aspecto es también crucial: en los sistemas complejos, la demora entre la causa y el efecto puede ser muy larga, lo que dificulta y mucho la identificación de las causas. Por cierto, y para acabar, las situaciones complejas son siempre multicausales.

El orden y el desorden son las dos caras de la misma moneda

Sabemos por experiencia que el desorden surge del orden (mirar el estado de la mesa de trabajo al inicio y al final de la jornada es un experimento sencillo que lo verifica), pero también es verdad que un nuevo orden solo puede surgir de un desorden anterior. La vida de un sistema es la sucesión de periodos de organización y desorganización. Si la organización va evolucionando (aumenta su complejidad), el sistema crece y se desarrolla. Lo más llamativo de ello es que este proceso es en gran parte autorganizado por el mismo sistema y su capacidad de superar las crisis internas y la de adaptarse a la evolución de su entorno.

Esta característica de los sistemas complejos la podemos encontrar en los lugares más insospechados. Por ejemplo, en una colonia de hormigas Leptothorax en la que los comportamientos de los individuos son caóticos y en cambio el comportamiento colectivo es ordenado, es decir, «la organización social surge y se mantiene cuando la dinámica de la actividad en la colonia se sitúa entre estos dos extremos, es decir, entre el orden y el desorden» (Miramontes, 2000).

Los humanos no somos hormigas, pero también nos comportamos así, por ejemplo, en las relaciones en las que el orden (armonía) y desorden (discusión) se suceden. El resultado de la discusión creará un nuevo orden evolutivo, si llegamos a un acuerdo, o involutivo si es el preludio de un conflicto más grave.

Los sistemas en estado de orden generan normas

Cuando un sistema alcanza una situación de orden, «busca» la estabilidad, y para conseguirla genera normas, implícitas o explícitas, que lo regula y mantiene gracias a los flujos de *feedback*, y que son distintas de las del orden anterior, porque en cada momento de orden aparecen unos «emergentes» que son cualidades distintas y que no estaban presentes en el orden anterior.

Una vez más, este fenómeno lo podemos observar a nivel macro, planetario, por ejemplo, si pensamos en el clima. El margen de tolerancia del planeta sobre la concentración de CO_2 en la atmósfera no es ilimitado, si se sobrepasa, como por desgracia está sucediendo, se altera el sistema climático.

También lo podemos observar en situaciones micro. Imaginemos una reunión social a la que acuden muchas personas desconocidas entre sí en su mayor parte. En el primer momento de orden, el factor de cohesión es buscar a alguien conocido para tener a alguien con quien charlar, y las reglas son las de pasatiempo social. En el segundo momento de orden, el factor de cohesión es el interés y las normas ya son más complejas: el interés intelectual, profesional o erótico viene regulado por convenciones mucho más elaboradas que una conversación social. Los emergentes en este caso pueden ser un posible negocio o una cita romántica, que obviamente no podían aparecer antes, aunque las mismas personas ocupaban la misma sala.

En los equipos de trabajo sucede lo mismo. Un equipo estable ve alterado su orden por un imprevisto, por ejemplo, un recorte en el presupuesto. Esta intromisión provoca desorden (miedo, quejas, rumores, conductas egoístas). Ante el desorden, el equipo puede involucionar, por ejemplo, cayendo en conflictos internos o con el exterior, o evolucionar hacia otro orden más adaptativo ante la nueva situación presupuestaria, buscando eficiencia en los procesos de trabajo, optimizando recursos o desplegando una actitud innovadora. Es importante darse cuenta de que las normas del equipo también varían. Una propuesta de ahorro hecha por algún miembro del grupo podría ser inaceptable por el equipo en el primer momento de orden, pero ahora el mismo comportamiento es lo que el equipo espera de sus miembros, si no quieren ser acusados de insolidarios. Y muy importante, las directrices de la dirección pueden actuar de dinamizador, pero será el grupo el que decida emprender el camino de evolucionar o involucionar.

Un sistema complejo no puede ser estático

Como se ha visto en el ejemplo del apartado anterior, los sistemas complejos mantienen su orden durante un tiempo, pero, por su misma esencia, tienden a cambiar, ya sea por la compleja red interna de relaciones que no puede ser estable a medio plazo, o porque aparecen nuevos retos del entorno que obligan a adaptarse de forma diferente.

Esta necesidad de adaptación está presente en los organismos unicelulares, en las empresas y en la economía de un país. Como advertía el físico Jorge Wagensberg, para ganar capacidad de adaptación ante un entorno incierto, la respuesta es aumentar la complejidad interna. Si ello no sucede, el sistema va teniendo cada vez más dificultades y empieza a involucionar, y en el peor de los casos desaparece. Pero el aumento de la complejidad interna aumenta el riesgo de inestabilidad. Por eso decimos que un sistema complejo no puede ser estático, y como vimos antes va alternando momentos de orden y de desorden.

Veamos dos ejemplos muy distintos. Hace unos treinta mil años convivieron, al menos, dos especies de género Homo, la neandertal y la cromañón (la nuestra). La primera desapareció, la segunda evolucionó y aún existe. Los neandertales tenían un cerebro con un volumen similar al nuestro, una cierta cultura y físicamente eran más fuertes que nosotros. No está claro del todo por qué la balanza se decantó de nuestro lado, pero los expertos especulan con la posibilidad de que nuestros antecesores supieron adaptarse mejor a las condiciones gracias a un desarrollo superior del lenguaje y la capacidad de cooperación grupal. Como especie, aumentó su complejidad, y ello les dotó de más posibilidades de subsistencia.

Viajemos treinta mil años hasta el presente. Las organizaciones burocráticas significaron a principios del siglo xx un gran paso adelante. El entorno industrial y comercial se había hecho más competitivo, y las organizaciones de mentalidad preindustrial formadas básicamente por un amo, unos capataces que transmitían las órdenes y unos obreros que las ejecutaban ya no eran eficaces. La respuesta fue aumentar la complejidad, y aparecieron progresivamente el *management*, el organigrama, los objetivos, el marketing, la gestión de recursos humanos. Este aumento de complejidad interna fue el que permitió dar respuesta a los nuevos retos y sobrevivir. Las organizaciones que intentaron preservar la estabilidad simplemente desaparecieron, aunque algún lector irónicamente esté pensando en alguna empresa actual que se parece sospechosamente a las que hemos llamado de mentalidad preindustrial.

Esta historia nos parece ahora lógica, porque es una historia de éxito (recuérdese el sesgo retrospectivo), pero tenemos más dudas sobre el presente, en el que casualmente lo que está en crisis es el modelo de empresa que ha funcionado bien hasta hace bien poco. El dilema vuelve a ser el mismo: buscar la estabilidad o aumentar la complejidad. Lo primero ya sabemos a qué conduce. Lo segundo nos asusta porque significa revisar nuestras certezas y aquello que nos ha dado el éxito hasta hace bien poco. A esta cuestión se dedica el siguiente apartado de este capítulo.

Resumiendo lo dicho:

1. La unidad es el sistema (las interacciones), no los elementos.
2. La relación causa-efecto secuencial no funciona en los sistemas complejos.

3. El orden y el desorden se suceden.
4. Los sistemas se autorganizan (buscan nuevas formas de adaptación) y se autorregulan (un sistema en estado de orden se regula autónomamente).
5. Finalmente, un sistema complejo no puede ser estático, o evoluciona o involuciona.

No puede extrañarnos que a menudo prefiramos evitar ser conscientes de la complejidad, porque su compañera de viaje es la incerteza, y esta nos genera ansiedad, y la ansiedad añora el control..., que resulta imposible. Bonito dilema y previsible frustración: la complejidad implica una cura de humildad que, a veces, nos cuesta asumir.

Las organizaciones como sistemas complejos

Afortunadamente, podemos mirar la complejidad de una manera diferente e intervenir en ella, teniendo en cuenta que:

- Observar la complejidad es enfocar nuestra mirada hacia los sistemas, es decir, hacia las interacciones, las relaciones y las redes configuradas, aunque no estemos muy acostumbrados a ello.

  Ello significa disponer de un mapa del sistema que incluye el área de responsabilidad, pero también las conexiones con los *stakeholders* internos y externos, y entrenarnos para visualizar las tendencias a medio plazo.

  Significa también visualizar las dinámicas del equipo y no solo el comportamiento individual de cada miembro.

Finalmente implica observar las conexiones de valor, interdependencias y potenciales sinergias y no solo los rendimientos de cada elemento.

• Debemos aceptar el desorden como base para el crecimiento, aunque nos genere incerteza.

En la gestión clásica, una regla básica ha sido en las últimas décadas tener el máximo control sobre el presente e intentar tenerlo sobre el futuro mediante la planificación. Ello, como veremos en el capítulo 4, es pedir demasiado al liderazgo en tiempos inciertos. Es imposible tener un control riguroso sobre los sucesos que cambian a una velocidad muy alta y con unos factores en juego que, muchas veces, no están bajo nuestra autoridad. La vieja planificación a largo plazo que nos informaba de objetivos ajustados a la décima para dentro de cinco años ahora es más un ejercicio de futurología que de gestión en la mayoría de sectores.

También hemos aprendido que los ciclos de orden y desorden son frecuentes, solo hay que pensar en la gestión de los procesos de cambio o en el funcionamiento de los equipos, por ejemplo. Sabemos también que la innovación implica generar incerteza antes de alcanzar un puerto seguro.

Todo ello nos está exigiendo que cambiemos nuestra manera de considerar el orden y el desorden, que son las dos caras de la moneda. El uno no existe sin el otro, y haremos bien en aceptar esta dinámica cíclica. La pregunta correcta no es si podemos evitarla, sino como podemos gestionarla, ya que es inevitable. Los capítulos 5 y 6 nos hablaran de ello.

• Debemos aceptar que los sistemas son en parte autorganizados y autorregulados, aunque nos disguste reconocer que no lo podemos controlar todo.

La autorganización es una de las características básicas de los sistemas complejos, y nos viene a decir que los esfuerzos por controlarlos no harán más que eliminar su potencial de adaptación y cambio. Un liderazgo muy centralizado solo puede aspirar, en el mejor de los casos, a la obediencia, unos procesos muy procedimentalizados generarán rutinas y un control de gestión centrado exclusivamente en cumplimiento de estándares frenarán el aprendizaje. Y estaremos de acuerdo en que con obediencia, rutinas y sin aprendizaje difícilmente tendremos una organización competitiva en el siglo XXI.

Ya que la autorganización es inevitable, parece más sensato dirigir los esfuerzos del liderazgo a orientarla de manera evolutiva, adaptativa y alineada con la estrategia que al esfuerzo inútil e improductivo de controlarla.

• Debemos asumir que el cambio en los sistemas complejos es constante, aunque la estabilidad nos resulte tranquilizante puede ser el camino hacia la involución (llamamos a la muerte «la paz eterna»)

Las organizaciones cambian y tienen ciclos, los equipos también, las personas pasan por momentos de alta motivación y otros de cansancio, los mercados son inestables, y si pensamos en la administración pública, las necesidades sociales son rápidamente distintas en la medida en que también cambian los valores sociales y aumenta la diversidad generacional y cultural de la ciudadanía.

Tradicionalmente, se asociaba la normalidad a la estabilidad que se veía alterada de vez en cuando por turbulencias externas o por proyectos de cambio voluntarios. En ambos casos, la finalidad era volver a la estabilidad, bien por la vía de superar las turbulencias, bien por la finalización del proyecto de cambio. Haremos bien en cambiar nuestra visión del mundo. En el siglo XXI la normalidad es el cambio y la estabilidad también hay que gestionarla.

• Podemos ampliar nuestras capacidades para comprender y gestionar en este mundo complejo e incierto, aunque ello implica una mirada introspectiva individual y colectiva para revisar hábitos y rutinas que ahora son disfuncionales.

Esta introspección incluye revisar nuestras creencias y valores, elementos constructores de la realidad, para verificar si son adaptativos o nos generan problemas donde no hay más que un mundo diferente al que habíamos conocido. También a reconocer el papel prioritario de las emociones en los ámbitos supuestamente racionales como la toma de decisiones.

Incluye también entrenarse a ver y aceptar la complejidad, modelo de pensamiento distinto del analítico, muy útil para situaciones de respuesta técnica, pero insuficiente para abordar la complejidad.

Finalmente, necesitaremos actualizar nuestra concepción del liderazgo, para evolucionar de un liderazgo unipersonal y carismático hacia liderazgos compartidos y relacionales.

A todo ello se dedican los siguientes capítulos de este libro.

Parte II
Las nuevas respuestas

3. El autoliderazgo como factor de adaptación

Como hemos visto en los capítulos anteriores, la evolución tecnológica, social, cultural y política plantea cada día nuevos desafíos a la humanidad. Desde Charles Darwin sabemos que la capacidad de adaptación de las especies es la que determinará sus posibilidades de supervivencia. Desde la aparición de la vida en nuestro planeta, las especies han ido apareciendo y extinguiéndose, en función de los cambios –a veces súbitos y destructores, a veces paulatinos– de su entorno y de su capacidad adaptativa. Durante millones de años, esta adaptación fue esencialmente genética. Si la velocidad de cambio del entorno resultaba superior a la capacidad evolutiva de una especie, esta se veía condenada a desaparecer a corto-medio plazo. Especies hegemónicas, que dominaron el planeta durante millones de años, desaparecieron por encontrarse con condiciones tan adversas ante las que no les dio tiempo a evolucionar para asegurar su supervivencia.

Progresivamente, algunas especies experimentaron la evolución cultural que permitía modificar un comportamiento genéticamente programado para generar una ventaja competitiva sobre su entorno. Ello implica un proceso de aprendizaje, basado en la observación y la innovación, a menudo a base de ensayo y error. Es un proceso lento, pero la evolución no tiene meta y tampoco tiene prisa. Se puede observar por ejemplo en comportamientos culturalmente diferentes en una misma especie en condiciones ambientales o geográficas distintas.

La evolución cultural tiene grandes ventajas: es mucho más rápida que la biológica, y se puede transmitir de manera rápida y ágil, como argumentó Richard Dawkins (1994). A través de los «memes», –neologismo creado a partir de los «genes»–, estos nuevos replicadores difunden la información cultural a través de la colonización. La evolución cultural también permite la hibridación entre diferentes especies, lo que supone biológicamente una mayor complejidad.

La evolución cultural de las especies más avanzadas incluye la evolución tecnológica. Las primeras herramientas creadas por nuestra especie se remontan a más de tres millones de años. Es muy probable que muchas especies antes de la nuestra hubieran encontrado la manera de potenciar su fuerza, minimizar sus limitaciones, alargar sus miembros o inventar artefactos que les permitieran sobrevivir y manejarse en entornos hostiles. Por primera vez, una especie era capaz de programar de manera adaptativa su propia evolución.

El método de la oscilación que presentamos a continuación, desarrollado y difundido por los autores desde hace más de quince años, permite sistematizar esta evolución proponiendo procesos transformadores de aprendizaje y crecimiento.

El método de la oscilación

Sin duda, el ser humano es un animal dotado de unas capacidades muy específicas, que entre otras cosas le han llevado, al principio de este siglo XXI, a considerarse dueño de su entorno. De todas ellas, la capacidad de comunicarse mediante la palabra ha sido, sin duda, un factor evolutivo determinante. La mayoría de las especies se comunican entre ellas mediante gritos, rugidos, ladridos, silbidos, cantos,

bailes, miradas y contacto físico, e incluso pautas o hitos en el medio
–como la estigmergia de las hormigas–. Pero el verbo, la palabra, el
pensamiento abren posibilidades excepcionales a aquellos que los
dominan y llevan más allá de la mera comunicación.

Según Marta Granés (2016, pág. 126), «Mediante el mecanismo
del habla, los humanos adquirimos la posibilidad de tener un doble
acceso respecto a cosas y personas: uno relativo al mundo construido a partir de la lengua y condicionado por la necesidad de sobre-
vivencia, la dimensión relativa (DR) de la realidad, y otro acceso a
la realidad ya no en función de nuestra necesidad, sino que es una
captación de la realidad en sí misma, la dimensión absoluta (DA)
de la realidad (absoluta en su sentido etimológico "suelta de", es
decir, inmediata). Esta dimensión es lo que se llama espiritualidad».

El verbo, la palabra crea el mundo y las categorías mentales.
Diferencia el árbol de la tierra en la que crece, separa sus raíces del
tronco, sus ramas de las hojas. Nos convierte en observadores de
este árbol, es decir, en consciencia separada y diferenciada, instaura
una relación sujeto-objeto. A partir de nuestra experiencia sensorial
directa y limitada, fragmentamos «eso» que se encuentra fuera de
mí, que se encuentra más allá de lo que considero que soy, de mi
organismo biológico diferenciado de su entorno.

La realidad creada a partir de la palabra da vida a los objetos,
las cosas, pero también a los conceptos y las ideas. Como entidad
diferenciada, como sujeto en un mundo de objetos, un motor interno
llamado «ego» se encarga de asegurar mi supervivencia en un entorno *a priori* misterioso y hostil. Para ello, nuestra especie necesita
creencias y relatos, que contribuyen a asegurar nuestra supervivenc-
cia a través de su transmisión cultural. Crea la ciencia, que aspira a
proporcionar sentido e inteligencia, a través de la experimentación

y la observación sistemática de la realidad, generando incluso su propio lenguaje, el matemático, para llegar a ámbitos en los que las palabras no bastan.

También crea el tiempo, con los conceptos de antes y después, ayer y mañana, que permiten los recuerdos y los proyectos, es decir, desplazarse en una línea temporal que solo existe en nuestras mentes, ya que la evidencia nos muestra que siempre estamos viviendo un presente continuo.

Utilizando nuestra evolución tecnológica, nuestra realidad relativa, nos permite incluso crear en la actualidad mundos absolutamente virtuales, es decir, que no tienen ninguna manifestación física externa. En este nuevo mundo pasamos cada vez más tiempo descubriendo personas que construimos en nuestra mente, jugando a juegos fantasiosos y extravagantes, explorando espacios virtuales que solo aparecen a través de los impulsos eléctricos que recibe nuestro cerebro. El entorno ya se ha definitivamente desmaterializado, manteniendo únicamente conexiones neuronales por descargas.

Esta consciencia de la inexistencia de una realidad objetiva compartida, esta comprensión intelectual que vivimos en un mundo esencialmente construido por nuestras mentes y posteriormente compartido en una intersubjetividad social, es cognitivamente aceptable. De la misma manera admitimos, incluso los que no entendemos mucho de matemáticas, el concepto de relatividad del tiempo, demostrada por Einstein en su teoría de la relatividad general. Pero, exactamente, ¿qué implicaciones tiene en nuestro día a día? ¿Cómo nos ayuda a planificar, organizar y gestionar nuestras agendas?

Cuando apagamos la videoconsola y dejamos el mando en la mesa, tenemos claro que la experiencia que acabamos de vivir con intensidad durante un rato no es real. Que alguien, en Asia o en

América ha diseñado esta aventura y que hemos voluntariamente engañado a nuestro cerebro para hacerle creer en esta realidad virtual, incluso a nivel emocional. Pero no es tan fácil entender que esta realidad a la que volvemos cuando apagamos la consola, lo que llamamos nuestra vida y en la que somos el principal protagonista, también es virtual. En ella también luchamos para nuestra supervivencia individual, y luego colectiva.

Superar e integrar esta ilusión en nuestra manera de vivir es la liberación de la llamada «condición humana». Según Erich Fromm, la condición humana, fruto de la autoconsciencia y de la sensación de estar separado de la naturaleza y del otro, es el origen de los sentimientos de soledad, miedo, angustia que todo ser humano experimenta con más o menos frecuencia e intensidad durante su vida. Como Neo –el héroe de la película *Matrix* dirigida por los entonces hermanos Wachowsky–, sospechamos que la información procesada por nuestro cerebro contiene engaño y algunos errores, y no puede ser del todo real, que algo de ilusión existe en esta pseudorrealidad. Y como él, aspiramos a despertar, a iluminarnos, a penetrar este mundo oculto del que ya formamos parte.

Queremos liberarnos. Entonces buscamos la respuesta «allí fuera», cuando esa respuesta está dentro de nosotros: «Cuentan los indios lakotas que cuando Wakan Tanka había dispuesto ya las seis direcciones (del Este, el Sur, el Oeste, el Norte, arriba y abajo), le quedaba fijar la séptima. Wakan Tanka sabía que la séptima dirección era la más poderosa, la que contenía más sabiduría, y quería situarla allí donde no fuera demasiado fácil encontrarla. Y eligió el último lugar donde piensan en buscar los seres humanos: en el corazón de cada persona. Desde entonces esta es la dirección de la sabiduría» (Fradera y Guardans, 2008).

Las personas se construyen a lo largo de la vida, en un proceso de descubrimiento, aprendizaje, ensayo y error, incidentes y accidentes. También es parcialmente aleatorio, en función de encuentros, oportunidades, coincidencias, y también inexorable: genética, género, entorno familiar, realidad social, contexto geográfico, época, etc. Algunos de estos factores son transformables, otros no. El método de la oscilación parte del principio de que esta construcción no es casual ni inamovible. Si reconocemos e interiorizamos la idea de una realidad construida, la oscilación permite actuar sobre algunas de las variables que forman parte de esta construcción, con el fin de modificar nuestra relación con esta realidad construida.

Oscilar es alternar, de forma consciente y voluntaria, entre nuestras diferentes perspectivas de la realidad. Es aprovechar al máximo la capacidad profundamente humana de tomar consciencia de que el mundo en el que vivimos es pura construcción de nuestra mente y que por tanto podemos salir provisionalmente de ella. Podemos oscilar para observar nuestra realidad con perspectiva, influir sobre ella y finalmente desactivar poco a poco la hegemonía que le otorgamos de manera exagerada. Al no ser sabios iluminados, no podemos residir en la dimensión absoluta, pero sin duda podemos acceder a ella y desde allí adquirir una visión más libre, menos condicionada y depredadora, más rica y generosa de nuestra realidad.

Durante los años que hemos estado trabajando con este método, hemos identificado tres niveles distintos de oscilación. Cada uno de ellos cuenta con sus finalidades propias y sus métodos asociados. Van numerados 1-2-3, aunque no son cronológicos, para diferenciar cada uno de los otros. Lo que los diferenciará será la orientación de nuestra mirada:

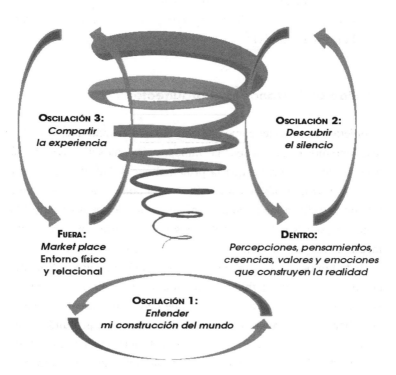

Figura 2. El método de la oscilación

- Oscilación 1: aprender a mirar hacia dentro para entender mi construcción de la realidad.
- Oscilación 2: de dentro afuera (pero ya no es el mismo «fuera»): desde el autoconocimiento, atreverse a explorar fuera de mi construcción, en la realidad absoluta.
- Oscilación 3: experimentar y compartir mi transformación en la realidad relativa.

Oscilación 1. Conocer el arquitecto

El objetivo es entender como construimos nuestra realidad. «Conócete a ti mismo» es uno de los más famosos aforismos de la antigüedad griega. Parece expresar que la principal necesidad de una persona para acceder a la sabiduría filosófica es el autoconocimiento. En el trasfondo radican las preguntas más antiguas del pensamiento filosófico: ¿quién soy?, ¿de dónde vengo?, ¿a dónde voy?, preguntas mediante las cuales aspiramos a crear sentido y a definirnos.

Esta famosa frase aparece en la obra de Platón cuando Sócrates, en su diálogo con Alcibíades, aconseja a un joven que aspira a la política y mandar sobre el pueblo, que debe previamente ser capaz de gobernarse a sí mismo. Y esto implica conocerse profundamente. No es casualidad que todos los manuales de autoayuda giren en torno a este tema. Conocerse a sí mismo es la condición necesaria para emprender cualquier camino de mejora, descubrir y reconocer las limitaciones propias y la naturaleza profunda. Es el punto de partida de cualquier exploración.

Otra interpretación vería el autoconocimiento como un paso fundamental para acceder al conocimiento, a la verdad de las cosas, para alcanzar en la sabiduría el nivel de lo divino, lo profético y lo oracular. La frase, entonces, prevendría del camino cierto de la sabiduría: primero deberás conocerte a ti mismo, para a continuación acceder a grados mayores, más complejos y ocultos, de conocimiento. La frase completa, en realidad, es: «conócete a ti mismo y conocerás al universo y a los dioses».

Desde el pensamiento postmoderno y constructivista, no es de extrañar que se considere nuestra realidad como una construcción mental y que las primeras indagaciones se orienten hacia ella. Nuestra mente es arquitecta de nuestra realidad cotidiana: se esfuerza en buscar, identificar, detectar, analizar, etiquetar, almacenar el conjunto de informaciones que llegan a captar nuestros sentidos, utilizando un filtro potente que se va construyendo a lo largo de la vida. En la elaboración de este filtro intervienen factores biológicos, factores de la vida personal y factores culturales e históricos.

Nuestros estados de ánimo, nuestras motivaciones, nuestras decisiones, pero también nuestros miedos y nuestras virtudes dependen del funcionamiento de esta «coctelera», caja negra que llamamos «YO» de manera resumida e inocente. Incluye numerosas facetas, movilizadas según las necesidades y las circunstancias, y estas facetas no siempre son coherentes entre sí.

La oscilación 1 estructura y acompaña la exploración sistemática de las principales dimensiones de este filtro, para entender mejor su funcionamiento. Luego, como dice la oración de la serenidad de la Asociación de Alcohólicos Anónimos, «poder aceptar las cosas que no se pueden cambiar, disponer del valor para cambiar las cosas que se pueden, y contar con la sabiduría para reconocer la diferencia».

El llamado autoliderazgo (del inglés *self-leadership*) es la capacidad de gestionar las diferentes dimensiones que estructuran nuestra persona y nuestras personalidades, desde la observación, la toma de consciencia, la comprensión, y sobre todo la persistencia y la determinación. El autoliderazgo procede de la convicción de que se pueden regular, incluso transformar algunos elementos de nuestra configuración de base. De la misma manera que se debe actualizar regularmente la versión de un aplicativo, nuestra programación mental y emocional requiere actualizaciones. De hecho, si miramos con perspectiva nuestra personalidad, descubriremos los cambios que han sucedido a lo largo de nuestras vidas. Es evidente que una persona de cuarenta años no se suele parecer a la que era a los veinte. La actualización es cotidiana, pero tan paulatina que no la detectamos. En la oscilación 1, usando diferentes tipos de técnicas, nos distanciamos, miramos con perspectiva aquello que somos y ponemos toda la atención sobre el funcionamiento de nuestra «caja negra» y sobre todo sus productos, sus efectos sobre la manera de funcionar en el día a día. Es una tarea de espeleología interior, que puede llevar a cambios profundos, pequeños retoques o a la revalidación de la vigencia del programa instalado.

En su obra maestra *La quinta disciplina*, Peter Senge identifica cinco disciplinas necesarias para innovar en las «organizaciones inteligentes». Tres de ellas son individuales: el pensamiento sistémico, el dominio personal y los modelos mentales, y dos disciplinas son colectivas: la visión compartida y el aprendizaje en equipo. Para el autor, la llamada quinta disciplina es la primera de ellas: el pensamiento sistémico (Senge, 1990, pág. 21), porque es la disciplina resultante de la convergencia de las otras cuatro. Recuperaremos a Senge en capítulos posteriores.

El pensamiento sistémico es necesario para practicar la oscilación 1 y para trabajar las otras dos disciplinas personales: el dominio personal y los modelos mentales. Para poder organizar este sistemático trabajo de investigación de uno mismo, el ser humano debe observarse como un sistema complejo dinámico, un conjunto de innombrables elementos que se combinan –no siempre de manera armónica– entre ellos y en el cual cada elemento influencia el desarrollo y funcionamiento de los otros. Un sistema se puede percibir y observar desde la distancia: la visión sistémica nos sitúa en posición de observador del sistema, condición necesaria para poder actuar sobre él. A este respecto recuérdese el esquema de la figura 1 sobre la complejidad interna del ser humano.

Siguiendo la línea del enfoque integral de Ken Wilber,[8] la oscilación 1 propone cuatro líneas de trabajo:

- Las prácticas mentales, que examinan las funciones intrapersonales, desde la comprensión del funcionamiento de nuestro cerebro hasta como este construye un sistema de creencias que acaba condicionando nuestro comportamiento y estructurando nuestro mundo.
- Las prácticas interpersonales que indagan los aspectos de inteligencia emocional y consciencia relacional.
- El desarrollo de la consciencia y el bienestar físico, abordando aquí aspectos de salud e higiene, alimentación y dietética, sin olvidar la vida sexual.
- La autoconsciencia; es decir, la capacidad de desarrollar una mirada interior que permita establecer una conexión, una intimidad para evitar el autoengaño y caminar hacia la autenticidad.

---

8. El enfoque integral de Wilber puede consultarse en Wilber, Patten, Leonard y Morelli (2010).

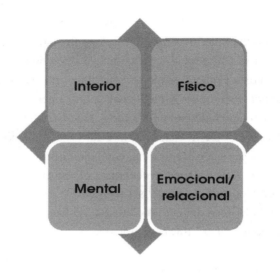

Figura 3. Los cuatro ámbitos de la oscilación 1

Describiremos a continuación brevemente cada una de estas categorías.

Prácticas mentales

Nuestro pensamiento occidental es experto en el uso del hemisferio izquierdo del cerebro, es decir, la parte racional, pensante, analítica. Nuestro sistema educativo potencia principalmente el desarrollo intelectual, relegando a segundo plano otros tipos distintos de generación y adquisición de conocimiento, como la intuición, la creatividad, el arte o el mundo relacional y cultural.

La oscilación 1 pretende abordar y trabajar todos los tipos de inteligencia. Más allá del desarrollo intelectual, aspiramos, utilizando la terminología de Edgar Morin (1999), a «una cabeza bien puesta».

Según este autor, el conocimiento humano se enfrenta actualmente con una serie de desafíos cuyo origen común es la organización del saber. Esto implica: 1) aprender a plantear y analizar problemas, a vincular los saberes y darles sentido (cabeza bien puesta); 2) aprender y asumir la condición humana; 3) aprender a vivir, a través de la lucidez del pensamiento, de la comprensión humana; 4) aprender a enfrentar la incertidumbre y 5) aprender a convertirse en un ciudadano.

En la oscilación 1, estos aspectos se trabajan desarrollando la inteligencia intrapersonal: un minucioso trabajo de reflexión sobre los valores y las creencias propias que van desvelando la arquitectura interna de nuestro pensamiento. A partir de los resultados conseguidos en la vida diaria y del grado de satisfacción que proporcionan, la experiencia de aprendizaje permite detectar las creencias y valores que condicionan las actitudes y las conductas. No se trata de valorar según criterios morales, sino de entender el mecanismo implacable que desencadenan estas creencias y la coherencia y alineamiento entre los diferentes niveles manifestados. Desde el descubrimiento y la toma de consciencia, es necesario actualizar regularmente nuestro sistema de creencias y valores, para que esté alineado con la visión de vida del momento, así como comprobar su solidez y coherencia. El mapa de trabajo, una vez más es el esquema resumido en la figura 1.

Prácticas de inteligencia emocional y consciencia relacional (interpersonal)

Desde la segunda mitad del siglo xx, los neurocientíficos han investigado y aprendido mucho sobre el funcionamiento del cerebro humano y las funciones de las emociones. Indiscutiblemente, estas investigaciones han puesto en entredicho la excesiva importancia que se solía dar al intelecto, a la racionalidad y la razón, como factores decisivos para analizar y valorar situaciones, así como para tomar decisiones acertadas.

Uno de los principales descubrimientos es la plasticidad neuronal de nuestro cerebro. Nuestro sistema nervioso experimenta durante toda la vida cambios estructurales y funcionales. Esto significa que es posible reconfigurar los circuitos sinápticos mediante nuevas experiencias.

En el mundo occidental, el tema empezó a introducirse en las escuelas y los colegios durante las últimas décadas del siglo pasado, y en los programas de desarrollo directivo, en la última década del xx. En 1995, a partir de la publicación del libro *Inteligencia emocional* de Daniel Goleman, se cuestionó el famoso cociente intelectual (CI) como determinante de la inteligencia y del éxito personal. Sin embargo, la alfabetización emocional y relacional sigue siendo hoy una asignatura pendiente en una sociedad en la que, paradójicamente, la construcción y la gestión de las relaciones –las competencias relacionales– se han convertido en una de las más necesarias debido al alto nivel de complejidad de las situaciones por gestionar, que implica la necesidad de poder interactuar entre personas, grupos, equipos, colectivos, para ser capaces de entenderse para colaborar.

Las prácticas de inteligencia emocional y consciencia relacional del primer nivel de oscilación pretenden iniciar al mundo de las emociones (alfabetización emocional), siguiendo los cinco principios de la inteligencia emocional:

1. Autoconciencia emocional: la capacidad de detectar, identificar y comprender nuestros propios estados de ánimo.

2. Autorregulación emocional: la habilidad para gestionar las conductas basadas en impulsos emocionales y, de este modo, adaptarnos mejor a las dinámicas sociales.
3. Motivación: la capacidad de incluir y focalizar nuestras energías para alcanzar un propósito o un objetivo.
4. Empatía: la cualidad de entender y sintonizar con los estados emocionales de otras personas.
5. Habilidades sociales: el talente de encontrar la respuesta más adecuada a las necesidades sociales de las personas y del entorno en general.

También se considera necesario trabajar las emociones a nivel colectivo. Aplicar la gestión de las emociones a cualquier grupo de personas o tipos de organización ofrece múltiples beneficios: mejorar la comunicación, el bienestar individual y del entorno, el ambiente laboral, la calidad del trabajo en equipo y las relaciones con los clientes. Como las personas, las organizaciones tienen su propio «clima emocional», que se percibe al entrar en contacto con ella. Este clima marcará grandes diferencias a la hora de gestionar la resolución de conflictos, la adaptación al cambio, la toma de decisiones, la negociación, el trabajo en equipo e influirá sobre la motivación de sus miembros.

Consciencia y bienestar físico: salud, higiene, alimentación y dietética, vida sexual

Otro aspecto fundamental del bienestar integral es el bienestar físico, también llamado consciencia corporal. Por muy brillante y emocionalmente equilibrada que sea nuestra mente, la enfermedad, el dolor crónico, la falta de sueño o un estado general deficiente acabará deteriorando nuestro nivel de energía vital.

La conocida frase *Mens sana in corpore sano* nos recuerda que difícilmente se encuentra una persona equilibrada en un cuerpo descompensado, sin consciencia corporal. Y este bienestar corporal abarca diferentes aspectos que, combinados, contribuyen a fortalecer el bienestar físico:

- **La alimentación**, y sobre todo los buenos hábitos alimentarios: debemos combinar alimentos para conseguir las proteínas, los hidratos de carbono, lípidos, vitaminas y minerales necesarios para una buena nutrición, y ello incluye la regulación del consumo de bebidas, alcohólicas o no, la suficiente hidratación y el uso efectivo de suplementos nutricionales. Una alimentación adecuada y adaptada a nuestro cuerpo y a sus necesidades en función del estilo de vida nos ayuda a combatir el sobrepeso, mantener la salud gastrointestinal, optimizar el sistema inmunológico y promover la salud integral del individuo.

- **La higiene de vida**: aquí nos referimos a la importancia de mantener una vida activa y en movimiento (la palabra *motivación* viene del latín *movere*, ¡moverse!). Si bien puede ser agradable la relajación y el merecido descanso en el sofá en determinados momentos, tiene que combinarse con actividades físicas diarias y sencillas como caminar, subir escaleras, hacer tareas domésticas o de jardinería, o bien programas de ejercicios específicos. La planificación y la distribución de la actividad física ha de ser adaptada a la edad y la morfología de cada uno. Otros tratamientos como la osteopatía o los masajes de diferentes tipos ofrecen diversas técnicas con el propósito de eliminar tensiones que el cuerpo va acumulando a lo largo del día y de los años por traumatismos (físicos y emocionales), por malos hábitos de movimiento o de postura, por estrés mantenido en el tiempo. etc. Finalmente, otro componente importante de la higiene de vida es la duración y la calidad del sueño y de los momentos de descanso o de recarga energética a lo largo del día.

• La calidad de la **vida sexual**: de todas las actividades que el ser humano puede realizar, una de las que mayor sensación de bienestar produce en el mismo momento de su realización es el acto sexual. Los humanos utilizamos la actividad sexual, solos o en compañía, para sentirnos bien con nosotros mismos, dando respuesta a una necesidad tan básica como la de comer o dormir. En el sexo en pareja entra en juego la dimensión emocional y sentimental. Más allá del aspecto lúdico, el sexo se puede convertir entonces en una expresión de amor entre personas.

Consciencia de uno mismo: la mirada interior

La necesidad de autoconocimiento implica el incremento de la intimidad consigo mismo. Si admitimos que la principal función del ego es la de proteger el ser –permitiendo su supervivencia a partir de la continua y rápida detección de posibles amenazas en el entorno y detectando oportunidades de ganar, de crecer–, su mirada irá forzosamente orientada hacia el exterior, hacia fuera. La oscilación 1 nos enseña a girar esta mirada, es decir, a orientar nuestro campo de atención hacia dentro, hacia los procesos cognitivos, emocionales y fisiológicos internos.

Esta tarea puede no resultar placentera para el ego. Le puede incluso resultar peligrosa («a ver qué encontramos») y hasta aburrida («aquí no pasa nada»). El ego necesita y busca acción, resultados, ganancias, seguridad. Por estos motivos es tan importante educarle para que acepte adentrarse en el mundo de la sutileza, en lo implícito, en el llamado conocimiento silencioso. Es un camino con más preguntas que respuestas, pero imprescindible de recorrer para entender mejor ya no solo desde lo cognitivo, sino también desde el sentir, y conocer quién es y qué quiere realmente expresar esta persona que somos.

Girar la mirada hacia dentro es indagar en lo más profundo de nosotros mismos para descubrir y comprender nuestras intenciones, nuestros miedos, nuestras motivaciones y bloqueos.

Existen diferentes tipos de terapias y técnicas de crecimiento personal que pueden ayudarnos a avanzar en el autoconocimiento y la resolución de conflictos o malestares internos. La elección dependerá del tipo de situación que se quiere abordar, así como de las preferencias de cada persona. Por tanto, es necesario saber qué enfoque utiliza cada terapia psicológica para intuir al menos si ese encuadre terapéutico puede ajustarse a nuestras características y necesidades. La investigación sobre eficacia terapéutica apunta más hacia el papel de la relación y el vínculo con el psicoterapeuta que hacia las técnicas (cognitivas, psicodinámicas, sistémicas o humanistas) usadas.

El *coaching*, bajo sus diferentes formas (ontológico, sistémico, emocional…), ofrece un acompañamiento al aprendizaje y al desarrollo. El buen *coach*, tal y como lo hacía Sócrates, maneja el arte de las preguntas y de la escucha, la presencia y las metáforas. También utiliza otras herramientas como, por ejemplo:

- El mindfulness (la presencia plena), que consiste en un silenciamiento interno para lograr, a través de la alteración de las ondas cerebrales, una percepción diferente de la realidad. Proporciona en muy poco tiempo una sensación de calma y bienestar, de descarga emocional, e incluso beneficios reales a nivel físico. Esta alteración de nuestra realidad permite a muchas personas descubrir que no están «atrapadas» en una realidad implacable, sino que nuestro estado de humor, nuestra salud, nuestra capacidad de percibir y gestionar las emociones condicionan plenamente nuestra representación del mundo y de cada pequeña situación que vivimos.

- La programación neurolingüística (PNL), que definen como un modelo de comunicación que se centra en identificar y usar modelos de pensamiento que influyan sobre el comportamiento de una persona como una manera de mejorar la calidad y la efectividad de la vida.

- Aquí también, la relación entre el *coach* y su cliente condicionará fuertemente el resultado del trabajo conjunto.

Estas técnicas nos llevan al umbral de la Oscilación 2, que describiremos a continuación.

Tabla resumen de la evolución de la oscilación 1:

	MIRADA HACIA EL ENTORNO	MIRADA HACIA UNO MISMO
FINALIDAD	GESTIONAR PARA INTERVENIR [Sujeto (yo) y objeto los demás, el entorno)].	INDAGAR PARA COMPRENDER (Sujeto y objeto son el mismo).
RIESGO	Impotencia, no aceptación de los límites, aspiración al control.	Miopía, miedo a mirar hacia dentro.
ACTIVIDADES	Analizar, sentir, pensar, negociar planificar, hacer, controlar.	Mirar, anticipar, buscar sentido, fluir distanciarse, intuir, percibir, crecer.
PREGUNTAS BÁSICAS	¿Qué? ¿Cómo?	¿Por qué? ¿Para qué?
MÉTODOS	• Técnicas de comunicación. • Métodos de planificación. • Desarrollo de habilidades. • Pensamiento analítico.	• Crecimiento personal. • Psicoterapia. • Oscilación emocional. • Pensamiento sistémico y complejo. • Gestión de polaridades.

Oscilación 2. Despertar: cómo conseguir una mirada distanciada

Aquí, la finalidad es aprender a silenciar esta construcción de la realidad que hemos descubierto previamente. Dicho de otra manera, sería como «esquivar el ego».

Como acabamos de ver, la oscilación 1 pretende desarrollar el autoconocimiento. Nos permite comprobar que esta realidad en la que vivimos cada día es en gran parte creación propia. Nos desvela los mecanismos de este espacio interior, que pasa de ser invisible a ser consciente y por tanto transformable, con esfuerzo, valor y persistencia.

Si admitimos la posibilidad de que la dimensión relativa sea una construcción subjetiva, individual y colectiva, ¿existe entonces una dimensión absoluta? ¿El ser humano podría tener acceso no mediatizado (es decir, más allá de los cinco sentidos y fuera de todo filtro de análisis) a «esto» que nos rodea? Esta es la última búsqueda, la más épica, la de la realidad oculta a los sentidos del animal que somos, pero quizás asequible al ser humano integral, desde el entrenamiento de su consciencia, ejerciendo su capacidad de discriminación y de lucidez.

La oscilación 2 es una indagación, una búsqueda y una invitación a salir de la «ilusión compartida» en la que vivimos y que nos creemos tanto que acabamos por llamarla realidad. Es una invitación a salir del sueño, a despertar, adentrándonos en un mundo misterioso y silencioso.

Dicho así, puede sonar un poco extraño, pero vivimos en un ruido permanente: el de nuestra mente, llena de pensamientos, de ocupaciones y preocupaciones, eco del mundo que nos rodea. La mente está siempre ocupada en reflexionar, planificar, analizar, resolver, conseguir, hacer. El mundo que nos rodea, la vida social y profesional nos empuja hacia un trepidante «siempre más, siempre mejor, siempre diferente». Parece ser que, si dejamos de ser (hiper) activos durante un rato, nos estemos equivocando o malgastando nuestro tiempo.

Entrar en el silencio es emprender el camino para abandonar esta ilusión, para intuir la verdad última, abriendo el camino de la lucidez. En una mente ocupada con pensamientos sobre lo que se tiene que hacer y lo que no, no hay espacio para la lucidez. Dejamos que se repitan de manera automática, programada y aburrida los patrones de funcionamiento que nos han enseñado y hemos integrado. Aprender a escuchar el silencio es aprender a ser y vivir con autenticidad, *tout simplement*.

A priori, da un cierto respeto. Abrirse al silencio es abrirse a lo desconocido, a la incertidumbre. Podemos preferir patrones conocidos, y por tanto seguros, a una experiencia que puede conllevar un radical cuestionamiento. Intuimos que lo que se puede manifestar si conseguimos acallar, aunque solo sea unos minutos, la ruidosa máquina de pensar que llevamos instalada puede ser asombroso. Cuando la mente se acalla, el intelecto –la inteligencia– da paso a la sabiduría. Porque detrás del pensamiento, siempre está la visión clara, que aparece y nos acompaña cuando le permitimos salir. Aquí radica la fuente de la creatividad.

Al adentrarse en el silencio, se van deshaciendo nuestras representaciones conceptuales. Entonces puede aparecer la presencia de la unidad de la consciencia, cosa impensable para nuestra mente dual. Abre la puerta a la plenitud del ser, dejando de lado los métodos y los esfuerzos para conseguir ser algo o alguien o vivir mejor.

Antes de poder indagar el silencio, es necesario estudiar en qué situaciones nos encontramos en nuestras vidas (justamente lo que hace la oscilación 1) para silenciar lo falso que haya en nosotros mismos, empezar a desmontar la ilusión de la realidad. Esto significa detectar y entender de dónde vienen nuestros miedos y nuestros deseos para poder liberarnos, o al menos comprenderlos y situarlos de tal manera que no invadan nuestras vidas.

Es un camino individual, que se puede recorrer acompañado en momentos concretos, pero la experiencia de cada persona será única. La oscilación 1 nos ofrece una vida más equilibrada, permitiendo la expresión de nuestra personalidad de manera sana. La oscilación 2 transforma profundamente nuestra representación de la vida y por tanto permite la emergencia de una consciencia-realidad nueva que va más allá de la consciencia-pensante. Al vaciarse de lo conocido, podemos experimentar la plenitud de lo desconocido. Y este desconocido siempre lo seguirá siendo, ya que el pensamiento no podrá nunca conocerlo.

Distintas escuelas filosóficas y místicas, y desde los inicios del siglo xx la psicología transpersonal, han investigado esta extraña capacidad de la psique humana. La psicología transpersonal es una disciplina pionera en el estudio de la conciencia y del desarrollo psicológico e interior hacia una identidad transpersonal en conexión con la comunidad, la naturaleza e incluso con el cosmos. Este desarrollo interior implicaría un proceso, y es aquí en donde diferentes modelos teóricos que describen este proceso de transformación entran en discusión, proponiendo y discutiendo diferentes visiones sobre cómo tiene lugar. Entre los más famosos, nombraremos a Stanislav Grof, Carl Gustav Jung, Ken Wilber, Sri Aurobindo, Abraham Maslow, Jorge Ferrer, Charles Tart, entre otros también importantes. Con escalas diferentes pero convergentes, los diferentes modelos plantean una visión evolutiva de la consciencia humana, resultando en sucesivas transformaciones de la cosmovisión, que correspondería a la emergencia de nuevos niveles de conciencia.

Nos dice el epistemólogo Marià Corbí (2005): «No hay nada más sutil e inasible para el animal humano que el camino a la dimensión absoluta. Esa dimensión no es objetivable ni representable. ¿Cómo caminar por donde no hay puntos de referencia, ni está señalado el camino, ni se pueden poner los pies en las pisadas de otro? ¿Cómo andar un camino en el que no hay nada que buscar, nada que conseguir y nada que hacer? Lo máximo que se puede hacer es apartar obstáculos, pero ¿cómo reconocer los obstáculos si no podemos representarnos aquello que obstaculizan?».

Desde hace siglos, las diferentes tradiciones de sabiduría han intentado imaginar, sistematizar, enseñar métodos para transitar este camino del silenciamiento del ego.

La oscilación 2 propone una adaptación de estos métodos, de manera laica —es decir, descargada de cualquier connotación religiosa, sin recurrir a la fe o a cualquier sistema de creencia— y adaptada a nuestras vidas de ciudadanos del siglo XXI. Inspirada por los cuatro caminos del Yoga de la tradición hinduista, la oscilación propone cuatro grandes categorías de prácticas que comparten una misma finalidad: la de disolver la visión dual del mundo. Ofrece una diversidad de enfoques que permite a cada buscador encontrar el camino que mejor responde a su naturaleza.

El camino físico-mental: meditación (*Raja Yoga*)

De las tradiciones orientales importadas a Occidente el siglo pasado, la de Raja Yoga es probablemente la más difundida y practicada hoy en día. Probablemente también la más desvirtuada. Se trata de un compendio de prácticas y métodos que nos ayudan a controlar el cuerpo, la energía, los sentidos y, finalmente, la mente.

Se presenta como una escuela integral para el ser, ya que combina aspectos de trabajo físico, emocional, mental, pero también moral. El conocido Hatha Yoga (el que se ofrece mayoritariamente en los centros de Yoga) combina prácticas para obtener el control del cuerpo físico y de la sutil fuerza vital llamada *prana*. Los practicantes del Hatha Yoga estudian a través del movimiento el funcionamiento de la mente, los mecanismos del dolor, del esfuerzo, de superar los propios límites, del cansancio. Cuando el cuerpo y la energía están bajo control, la mente entra naturalmente en un estado meditativo.

Existen numerosas formas y escuelas de meditación. Más allá del silenciamiento de la mente y de sus efectos benéficos –como en la práctica del mindfulness–, la meditación ofrece realmente una indagación en el silencio, en la naturaleza del ser. Aspira a convertir todo nuestro sentir deconstruyendo el mundo de representaciones en el que vivimos.

La meditación puede describirse como una práctica que tiene como finalidad entrenar la atención de la mente, llevándola más allá de los pensamientos establecidos y usuales –los automatismos mentales– y que revelan al ser humano la naturaleza de la realidad, más allá de su construcción individual.

Entrenar la atención no es una tarea fácil. Solo basta con observar los propios pensamientos durante un rato para constatar su sorprendente inconsistencia: como un mono que salta de árbol en árbol, van emergiendo en nuestra mente ideas, conceptos, recuerdos, preocupaciones, trascendentes o domésticas, sin ningún orden aparente. Si decidimos parar esta vorágine, descubriremos con terror que no podemos, y en pocos segundos aparecerá el pensamiento siguiente (que podría ser, por ejemplo: «¡No quiero pensar!»).

No obstante, integrando la práctica en los hábitos cotidianos, se empiezan a percibir cambios profundos que se van consolidando paulatinamente. La percepción del mundo se va transformando, la autoconsciencia se va incrementando, ofreciendo una lectura de la realidad diferente. Como no hay ningún objetivo concreto por lograr, es un proceso de indagación continuo que va quitando progresivamente capas de ignorancia, abriendo los ojos a una existencia distinta. Con el tiempo, se desarrollan de manera sistemática aspectos como la atención, la paciencia, la sencillez, el esfuerzo y la capacidad contemplativa.

Pinturas murales que describen las etapas de la meditación *Samatha*: estudio, contemplación, memoria, comprensión diligencia y perfección.

El camino de la acción desinteresada (Karma Yoga)

Es la senda elegida preponderantemente por aquellas personas de naturaleza extrovertida y activa. Este camino pasa por purificar nuestras intenciones, experimentando la acción desinteresada; es decir, sin pensar en posibles ganancias o recompensas, sino centrándonos en la acción, en el gesto, en el momento, en el otro. Al desapegarnos de los frutos de nuestras acciones, aprendemos a ennoblecer el ego.

Para poder lograrlo, es necesario mantener la mente centrada durante el desarrollo de cualquier actividad, convirtiéndola entonces en una meditación activa. Un principio de la supervivencia es la maximización del beneficio, es decir conseguir los máximos beneficios con la mínima inversión. Nuestro sistema de supervivencia, el ego busca «ganar». Por lo tanto, la práctica de la acción gratuita le desafía al no aspirar a conseguir o a ganar nada. Esta provocación, una vez superadas las resistencias y las trampas que intentará jugar para mantener su estatus, permitirá superar una visión principalmente centrada en el yo, abriéndose al beneficio del otro y posteriormente al de todos.

Pasar de una visión egocentrada (centrada en uno mismo, como punto de referencia) a una visión ecológica (visión del sistema en su conjunto y de las dependencias de los elementos ente sí) representa un largo camino.

Seguramente en algún momento de este tránsito aparecerá el llamado «ego espiritual», el que nos hace sentir buenas personas, diferentes, finalmente superiores. ¡Las trampas del ego son infinitas, y sus sistemas de defensa potentes! Para comprobar si el ego nos hace trampas, intentando convertir esta aparente generosidad y gratuidad en beneficios propios (por ejemplo, por la imagen proyectada hacia fuera, o incluso la autoimagen de «buena persona»), el Karma Yoga identifica elementos claves que permiten comprobar la autenticidad de la práctica generosa.

Estos elementos son la actitud correcta, la motivación correcta, la voluntad de cumplir con el deber –entendiendo por deber no un acto impuesto desde fuera, sino lo que tú, internamente, sabes que tienes que hacer–. También es importante considerar el empeño en hacer sencillamente lo mejor que podemos, sin detenerse por temor a las dificultades o a las críticas, sin esperar las felicitaciones ni reconocimientos, sino limitándonos a crear belleza y bondad, renunciando a los resultados, ya que se sirve en realidad a fines superiores y desconocidos en un mundo complejo.

Otro peligro que hay que evitar es el apego a la acción. En el fondo, es un ejercicio de humildad, rehuyendo el poder, la fama, el nombre, el orgullo.

Es posible que el término «acción desinteresada» nos haga pensar en asociaciones benéficas o de voluntariado. Está bien, nuestra sociedad lo necesita. Pero esta práctica se puede desarrollar en cualquier aspecto del día a día: desde hacer la compra a dirigir una reunión de trabajo, desde lavar los platos a tratar con un cliente. Cada actividad tiene su maestría y su disciplina propia, a veces escondidas. Se trata de cumplir cualquier tarea de la mejor manera posible, con amor y dedicación. Nos vendrán a la mente personajes famosos como la Madre Teresa de Calcuta o el Mahatma Gandhi con su mensaje de paz. Personalmente, el Karma Yoga siempre me devuelve a la mente la imagen de mi abuela.

El camino de la mente: Koan Zen, filosofía, poesía (*Jñana Yoga*)

Este camino requiere gran fuerza de voluntad, ya que la herramienta de trabajo principal es el intelecto, y la principal barrera es la mente.

Utilizando diferentes métodos, el estudiante usa su mente para investigar dentro de su propia naturaleza. Nosotros percibimos el espacio interno y externo de un vaso como diferentes entre sí, tal como nos percibimos separados del otro. Esta práctica lleva al caminante a experimentar su unidad con todo directamente, a disolver el velo de la ignorancia quebrando el vaso.

Para la mente, el reto es vertiginoso, ya que se trata, a través de la intuición, de acceder a un estado de consciencia en el que desaparece la separación y se intuye la unidad. El intelecto dialoga con la mente y pone en evidencia sus carencias, sus inconsistencias, sus fallos. En una primera fase, la mente pasa del saber al no-saber. Las convicciones se desmontan, las certezas se borran, la duda se impone progresivamente.

La tradición Zen nos dice: «A mayor duda, mayor despertar». Esta tradición, que comparada con otras escuelas budistas dispone de relativamente poca liturgia, trabaja con la mente a través de los llamados *kōan*. Se trata de frases o relatos cortos que narran una situación aparentemente absurda o sin sentido. Un ejemplo:

–Una vez, un monje hizo una petición a Joshu.

–Acabo de entrar al monasterio –dijo–. Por favor, dame instrucciones, maestro.

Joshu dijo:

–¿Ya has desayunado?

–Sí, lo he hecho, –respondió el monje.

–Entonces, –dijo Joshu–, lava tus cuencos.

En la cultura occidental, el alumno aprende del profesor siguiendo el hilo de su discurso lógico, paso a paso. El maestro zen, por el contrario, exige un salto a su alumno: debe obtener un conocimiento inmediato por sí mismo. Por lo tanto, el *kōan* nunca se resuelve siguiendo la lógica del enunciado o tras un análisis racional del problema. De hecho, mientras el alumno tenga su pensamiento entretenido y prisionero del discurso racional, no podrá encontrar la solución.

Otro ejemplo, de Hakuin Ekaku: «Dos manos aplauden y hay un sonido. ¿Cuál es el sonido de una mano?».

Victor Hori (1999) comenta: «Al principio, el estudiante piensa primero que un *kōan* es un objeto inerte sobre el que enfocar la atención; tras un largo periodo de repetición consecutiva, se da cuenta de que el *kōan* también es una actividad dinámica: la actividad misma de buscar una respuesta al *kōan*. Así que el *kōan* es tanto el objeto que se busca como la búsqueda implacable de sí mismo. En un *kōan*, el yo contempla al yo no directamente, sino bajo la apariencia del *kōan*... Cuando uno se da cuenta (hace realidad) de esta identidad, entonces las dos manos se han convertido en una. El practicante se convierte en el *kōan* que él o ella está tratando de entender. Ese es el sonido de una mano».

Es necesario que esta práctica sea guiada por un maestro ya que el esfuerzo requerido es poderoso y ha de ser constante y persistente, impulsado por una motivación sin falla. En los sistemas religiosos, la fe –es decir, la creencia sin prueba tangible de la existencia de un ente superior– sostiene y motiva generalmente esta búsqueda. En un sistema sin creencias, la confianza y la entrega al guía, al maestro, al instructor ha de ser absoluta para alcanzar a percibir lo que la lógica, las informaciones sensoriales y las categorías mentales no muestran, pero está igualmente aquí. Esta entrega al maestro puede despertar en las mentes occidentales unas resistencias fruto de la desconfianza, del temor o de la incredulidad. Al mismo tiempo, sin entrega absoluta, no hay camino posible. Aquí se encuentra el primer escollo. Aquí renuncian muchos caminantes.

Culturalmente más cercanos, los diálogos de Sócrates relatados por Platón utilizan a veces un abordaje similar. Más que la lógica, el sabio emplea la intuición. Sócrates no ofrece conocimiento, sino que busca la sabiduría. ¿Cómo describir lo inefable? La aporía, que significa dificultad, camino sin salida, duda de difícil solución racional, recuerda al *kōan* zen. Desde el punto de vista filosófico, se trata de una proposición sin base lógica, un problema que no se puede superar, un razonamiento cuya conclusión es un juicio contradictorio que se puede identificar con la antinomia o la paradoja. Una paradoja es una dificultad lógica y semántica que surge de una proposición, que luego de afirmarse se contradice a sí misma. Todas ellas tienen la virtud de poner nuestro cerebro en jaque mate. Diferentes estrategias con el mismo propósito de hacer vacilar a la mente, bajarla del pedestal de omnipotencia en el que se ha autopromovido.

Nos dice el gran profesor e historiador de las religiones Mircea Eliade (2015): «Resulta imposible ignorar uno de los más grandes descubrimientos de la India: el de la conciencia-testigo, la conciencia desprendida de sus estructuras psicofisiológicas y de su condicionamiento temporal, la conciencia del "liberado". Es decir, aquel que logró emanciparse de la temporalidad, y que, por lo tanto, conoce la verdadera, la inefable libertad. La conquista de esa libertad absoluta, de la perfecta espontaneidad, constituye el objetivo de todas las filosofías y todas las técnicas místicas indias, pero es sobre todo mediante el Yoga, mediante una de las múltiples formas del Yoga, como la India creyó poder lograrla».

Antes de practicar Jñana Yoga, el aspirante deberá haber integrado las lecciones de las otras sendas yóguicas, ya que, sin fortaleza de cuerpo y mente, la búsqueda de la verdad puede convertirse en una mera y vacua especulación mental. Estos cuatro caminos vienen a completarse mutuamente, y es necesario acompañar la práctica mental con el desarrollo del sentir, practicando otras disciplinas como la danza o la música.

El camino de la contemplación y del amor (*Bhakti Yoga*)

Este cuarto camino es sin duda el más difícil de transitar para nuestras mentes occidentales y atrae particularmente a aquellos de naturaleza más emotiva o reservada. Recuerdo de nuevo con cariño a mi abuela, rezando arrodillada cada noche ante una pequeña viñeta de san Francisco Javier, salmodiando palabras rápidas e incomprensibles para el niño que yo era entonces.

La finalidad de las diversas técnicas que hemos visto anteriormente apunta en una misma dirección: la de silenciar, educar, resituar el ego en el papel que le corresponde para que deje de ser la máxima autoridad en nuestras vidas, incluso el tirano que no deseamos. En este cuarto camino, esto se consigue externalizando el interés completo, la devoción absoluta, el amor incondicional y extático. Se desaloja —o más bien se deslocaliza— el ego, situando el polo máximo fuera del yo y desactivando de esta manera los patrones naturalmente egoístas del ego.

A diferencia del Karma Yoga, donde el amor por el otro se traduce en servicio y acción desinteresada, aquí la única «actividad» es… AMAR incondicionalmente. Es decir, conectar con esta energía universal que es el amor y recordar que forma parte de nosotros y del todo.

Pero, concretamente, ¿a qué tipo de amor se está refiriendo? Para simplificar, podría separarse en dos grandes categorías:

- El amor basado en el deseo y en el ego: podría ser, por ejemplo, un cierto tipo de amor de pareja, incluso hacia los hijos y los seres queridos en general. Es a veces un amor transaccional, basado en necesidades, ofertas y demandas, en el que la relación aporta valor y genera voluntad de perpetrarse en el tiempo. Yo consigo lo que creo necesitar y a cambio proporciono a los demás lo que ellos también requieren. «Me gustas, me va bien estar contigo, te quiero».

- El amor universal por todos por igual, que no mira lo que se ofrece ni lo que se puede conseguir a cambio, sino que conecta con esta sensación de unión, de pertenencia, de sentido transcendente. Este amor no busca nada porque reside en la plenitud del ser. En él, no hay deseo ni expectativas, no discrimina, porque todo le va bien por igual. Es una completa entrega a la realidad del momento y por tanto la aceptación de la vida como fruto del destino. No hay resentimiento ni lamentaciones. Es una consciencia amorosa y conectada con todo el universo.

En los sistemas de creencias, la personificación del amor es Dios, y también todas sus formas: santos, ángeles, devas, avatares, etc. En un sistema sin creencias, ¿es posible movilizar y canalizar este amor, esta devoción? ¿Cómo experimentar esta forma de puro amor, que todos necesitamos?

Contemplación → aceptación → entrega → unión → amor

En la oscilación 2, se trabaja desarrollando la capacidad de contemplación, como camino hacia el amor. No se trata de aprender a hacer una cosa más, sino de desaprender lo que dábamos por cierto. Entonces empieza la contemplación. En todas las situaciones de la vida cotidiana se puede contemplar. La contemplación exige recuperar una mirada limpia, pura, inocente como la del niño. Sin emociones ni pensamientos, sin proyecciones. Desde la aceptación de que nada es como creo que es, uno se puede entregar al misterio de la vida, a su intensidad y a su plenitud.

En la pareja, esta sensación se vive intensamente en los momentos en que se produce la fusión de los dos seres, cuando desaparecen las individualidades y los cuerpos se unen para fundirse en un único océano de amor. El arte del tantra propone vivir esa experiencia gracias a técnicas ancestrales transmitidas de generación en generación.

Seamos creyentes o no, un paso necesario para poder practicar el amor universal es la aceptación. En el caso de las personas creyentes, aceptan la idea de que todo es obra de Dios, su única oración es: «Sea Tu voluntad». Aunque no siempre se entienda claramente esta voluntad («Los caminos del Señor son inescrutables»), están convencidas de que todo adquiere sentido con el tiempo.

En un sistema sin Dios ni creencias, este principio de aceptación resulta más sutil. Se convierte en un ejercicio de realismo y a la vez de humildad. La aceptación de que «Lo que es, es» es una profunda toma de consciencia para entender que, más allá de mis necesidades, mis deseos y mi voluntad, existe un universo invisible, desconocido e inefable que escapa totalmente a mi voluntad. No promovemos aquí una forma de resignación boba, donde nos reconocemos impotentes y vencidos, lo que nos llevaría a una absoluta pasividad y desvinculación. Tampoco hablamos de «tolerar» algunas situaciones o comportamientos que no nos parezcan del todo correctos, pero que por algún motivo podemos dejar pasar. La auténtica aceptación de la realidad tal como es, como punto de partida prepara e impulsa a la acción.

Es un principio de realidad básico: es reconocer la inmensidad y la inexorabilidad de todo lo que nos rodea. Desde este reconocimiento, renunciar a este afán de control que surge naturalmente de nuestra necesidad de seguridad tan animal, desencadenando los clásicos mecanismos binarios del ego: «me gusta/no me gusta», «está bien/está mal», «me interesa/no me interesa», etc. La aceptación auténtica desborda el deseo y las expectativas, aceptando la inmensidad y la incontrolabilidad.

La aceptación abre la puerta a la entrega ya que desaparece el miedo. La entrega provoca la unión (significado original de la palabra *Yoga*), y la unión nos reúne con el amor. Cada cosa es como es, y no podía ser de otra manera. El camino de la contemplación es el que nos puede llevar al amor incondicional

El contacto con la naturaleza, el viento, el mar, el silencio de las montañas, si va acompañado por la capacidad de admirar silenciosamente, de asombrarse como si fuera la primera vez, se puede convertir en una experiencia mística, donde la inmensidad de lo presente anula momentáneamente mi sensación de ser un ente separado. Muchos hemos experimentado esta sensación de «salir de uno mismo» en momentos excepcionales de contacto con la naturaleza, como una salida de sol o un claro de luna. Estas experiencias pueden llegar a ser reveladoras y transformadoras. En el arte, expresado tanto a través de la música como de la poesía o la pintura, gran parte de las obras magistrales no se dirigen a nuestro intelecto, sino que solamente desde el sentir se puede acceder a ellas, y solo en una relación directa por la contemplación desnuda de la obra podremos experimentar la relación entre el creador, la obra, el observador y la inmensidad que nos rodea.

	MIRADA SIN SUJETO NI OBJETO
FINALIDAD	Distanciarse del yo
DISFUNCIÓN	Quedarse fuera del mundo
ACTIVIDADES	• Prácticas físicas de introspección (nueva consciencia corporal) ⟶ Práctica • Desarrollo de la inteligencia espiritual (sabiduría) ⟶ Estudio • Acción gratuita (descentramiento consciente) ⟶ Acción • Contemplación / aceptación / amor ⟶ Silencio
PREGUNTAS	No hay
MÉTODOS	Meditación, retiros, soledad, indagación sobre la realidad, servicio y entrega gratuita, observación desinteresada, duda, constancia

Oscilación 3. Gestionar el día a día desde la distancia

Gandhi nos dijo: «La mejor manera de encontrarte a ti mismo es perderte en el servicio». En la oscilación 3, la finalidad es actuar desde la consciencia de nuestra construcción y la del otro.

En su libro *El héroe de las mil caras*, Joseph Campbell (2006) expone la teoría de que los grandes relatos, desde las narraciones mitológicas hasta los guiones de grandes producciones cinematográficas, comparten a menudo una estructura fundamental. A esta narrativa arquetípica, la llama «la aventura del héroe». En la introducción de su libro nos explica que: «El héroe inicia su aventura desde el mundo de todos los días hacia una región de prodigios sobrenaturales, se enfrenta con fuerzas fabulosas y gana una victoria decisiva; el héroe regresa de su misteriosa aventura con la fuerza de otorgar dones a sus hermanos» (pág. 35).

Los ejemplos de aventuras heroicas que responden a este patrón son numerosos: desde Homero y su *Odisea*, a películas taquilleras como *La Guerra de las galaxias*, *Harry Potter* o la saga de *Indiana Jones*.

La oscilación 3 representaría, por tanto, la fase de regreso del héroe al mundo ordinario, con una visión transformada por sus aventuras y descubrimientos. Convertido en explorador durante este intenso viaje interior, su transformación es sin duda comparable a la de cualquier héroe de película. Vuelve transformado a un mundo que aún no ha cambiado.

La oscilación 1 le ha llevado a explorar los rincones más profundos y escondidos de su propia persona, consciente, inconsciente y subconsciente, enfrentándose con sus miedos, sus contradicciones e incoherencias, sus autoengaños, verdades y mentiras, y recuerdos dolorosos. Un proceso de indagación que lo lleva, día tras día, a las fronteras de lo impensable y lo expulsa constantemente de sus agradables zonas de confort.

Con la oscilación 2, el viaje trasciende la personalidad del individuo para estudiar la naturaleza del ser, en una búsqueda que le lleva a reconsiderar el lugar que ocupa en el universo. Esta búsqueda acaba convirtiéndose finalmente en camino espiritual, y como tal plantea el riesgo, como un monje retirado en un monasterio o un anacoreta recluido en su cueva, de alejar definitivamente al caminante de la vida terrenal, de perder el interés por lo material, de no volver a su mundo ordinario. Es esta última prueba que tendrá que superar en su camino de vuelta, que el autor llama «la resurrección».

Si seguimos a Joseph Campbell, la aventura del héroe le lleva –siempre que no fallezca durante la aventura– a regresar de su épica aventura con tal de encarnar su transfiguración, de compartir sus descubrimientos –el elixir– con todos aquellos que no han emprendido este camino, los que todavía siguen viviendo en este «mundo ordinario». En este regreso, no se trata de revelar sus secretos o narrar sus aventuras a los demás, ni de convencer sobre los propios descubrimientos, ni siquiera de empujar a que inicien su propio camino. El viaje a través de la oscilación 1 y oscilación 2 transforma a su protagonista y también transforma su representación y entendimiento del mundo. Es esta nueva visión la que tiene ahora que encarnar plenamente, por el bien de todos.

En el budismo tibetano existen personajes llamados *bodhisattvas*. Son individuos que viven en este mundo haciendo el gran sacrificio de darle la espalda a la iluminación (el nirvana, este estado de divinidad opuesto al mundo terrenal) para ayudar a la raza humana a evolucionar cada vez más hasta alcanzar colectivamente la iluminación. Entre ellos identifican a los dalái lama. Una frase repetida por el último dalái lama es: «nuestro propósito primordial es ayudar a otros».

Por tanto, más que convertirse en un gurú o un líder carismático –personajes frecuentemente guiados por sus propios egos–, nuestro héroe se pone al servicio de la comunidad y del bien común con la finalidad de orientar, guiar, crear las condiciones que permitan que la inevitable alternancia entre orden y caos sea lo más armoniosa posible, evitando o aliviando el inevitable sufrimiento de los que le rodeen, estando presente y atento siempre que se le necesite. Al haberse liberado de las imágenes limitadoras que le tenían engañado, su presencia se vuelve libre, sin miedos. Su identidad está anclada en el momento y en la totalidad (aquí y ahora). Reconoce y acepta la ilusión del mundo interior y el mundo exterior (dentro y fuera) que ya no percibe como polos antagónicos, sino que entiende como complementarios y sabe cómo mediar y jugar con las polaridades.

Desde una mirada despojada y sin expectativas, percibe el orden latente, el ritmo inherente a las cosas y cómo acompasarlo: sabe que el mejor cambio es el cambio posible. Es capaz de provocar y acompañar lo que debe ocurrir, evidenciando peligros y oportunidades. Como visionario, intuye y describe el futuro en el presente. Su agenda es abierta y flexible, capaz de aprovechar las oportunidades que se presenten sin excesivo apego por los planes establecidos.

Si trasladamos nuestro héroe al mundo de la empresa, parece una descripción de las necesarias dimensiones del liderazgo inteligente, necesario en el inicio del siglo XXI.

El primer investigador en hablar del «liderazgo servicial» (*servant leadership*), Robert K. Greenleaf, afirmaba que el líder servicial se focalizaba en el crecimiento de los demás, en que se vuelvan más sanos, más libres, más sabios, más autónomos, finalmente, más deseosos de volverse ellos mismos serviciales. El liderazgo inteligente implica dar respuestas a las necesidades profundas de las personas para hacer posible el trabajo colectivo, desde una perspectiva evolutiva.

En su viaje de oscilación 2, el buscador habrá conectado con el

amor incondicional y generoso. Para el líder inteligente, este amor
–que en la empresa llamaremos pasión por el proyecto, confianza
en los compañeros, espíritu de colaboración...– será la fuente de la
motivación por el servicio. Es posible cuando nace de la voluntad de
crear bienestar ayudando a los colaboradores a desarrollar su potencial y producir resultados que generen un impacto positivo. Es desde
esta perspectiva que puede intervenir en procesos de discrepancia
o de conflicto, donde aportará el respeto al otro. Esta mentalidad le
permitirá también relacionarse con gran variedad de actores (*stakeholders*), desde el interés y la curiosidad, para finalmente intervenir
y animar redes que facilitarán la colaboración y el aprendizaje dentro y fuera de la organización.

El líder inteligente se reconoce también por su capacidad para
construir el relato necesario para narrar nuevas visiones, creando
sentido y seguridad para los demás, instaurar y cultivar la confianza
como condición imprescindible para que un equipo pueda funcionar. Lo hace demostrando un interés auténtico por el bienestar de
los demás. Esto implica estar a la escucha, dar apoyo, hablar claro
y con humildad.

Encuentra motivación en un propósito evolutivo y significativo.
Junto con su equipo, construye una misión inspiradora que empodera
a sus colaboradores. Inspira a otros al comunicar de forma auténtica
sus valores, aspiraciones y creencias. La manera en que más inspira
es a través del ejemplo. El mejor discurso de un líder inteligente son
sus actos de servicio.

La lealtad es una consecuencia: comprende que su función es
facilitar el aprendizaje de sus colaboradores para que pongan sus
fortalezas al servicio de las metas. Cuando actúa como un *coach*
que se enfoca en el crecimiento de otros, se gana la lealtad de las

personas, y en el momento en que necesite ayuda, encontrará muchas manos alzadas dispuestas a colaborar.

Finalmente, observamos que no ejerce necesariamente este papel desde una posición de autoridad, no es necesario esperar ocupar un cargo para empezar a servir. La posibilidad de ayudar es independiente de su rol y aprovecha las oportunidades donde puede apoyar a otros. Como dijo Martin Luther King: «No necesitas un título para servir. Solo necesitas un corazón lleno de gracia y un alma que produce amor».

Es cierto que este comportamiento, en una sociedad excesivamente individualista y confusa, puede generar una cierta incomprensión o incluso rechazo por parte de colegas o miembros del equipo. Estas personas «raras», aunque seguramente todos conozcamos personas con algunos de estos rasgos, acaban dejando una profunda huella en quienes las rodean. Aunque esta no sea su intención, se convierten en «maestras de vida».

Esta huella positiva la dejarán a través de su trabajo incansable, de sus acciones generosas, y de su manera humilde y también discreta de relacionarse con los demás.

Para acabar con esta introducción al tema de la oscilación, es importante remarcar que no se trata de UN viaje, UNA experiencia que nos lleve del punto A al punto B. Tampoco se ha de visualizar oscilación 1, oscilación 2, oscilación 3 como una necesaria cronología.

El aprendizaje y el crecimiento individual son procesos que duran toda la vida: cada experiencia que atravesamos puede generar nuevos aprendizajes y viene a cuestionar y a veces a modificar nuestra representación y comprensión de la vida y del mundo. No existe una clara frontera que separe la oscilación 1 de la oscilación 2. Aunque se trate de dos procesos diferentes por sus finalidades y técnicas, la mayoría de las personas lo trabajan paralelamente, en un proceso interactivo. Y los momentos de oscilación 3 son cada vuelta a la interacción con nuestro entorno. Cuando ponemos a prueba nuestros aprendizajes o nuestras transformaciones y podemos observar si contribuyen a una vida más sana y con más sentido para nosotros y para los que nos rodean.

Por lo tanto, el viaje del «oscilante», más que un círculo, debe visualizarse como un desarrollo en espiral tridimensional, en el cual cada experiencia vital, aprendizaje, descubrimiento, nos lleva a un nivel superior de la espiral, y así sucesivamente durante toda nuestra vida.

Cuanto más aprendemos, más nos transformamos y cultivamos nuestra calidad humana, nuestra presencia, nuestra creatividad. Cuando dejamos de aprender, es cuando empezamos a morir.

Esta concepción del liderazgo es la más congruente con los retos que plantean los entornos VUCA y las organizaciones complejas. Manteniendo más tiempo las creencias y formas de pensamientos tradicionales, la aplicación de los métodos y técnicas que se plantean en los capítulos siguientes verán lastrado notablemente su impacto.

ACTITUD	COMPORTAMIENTOS
INTEGRAL	Liberado del yo, sin miedos, identidad anclada en la totalidad: reconoce y acepta el dentro y el fuera, entendiendo y jugando con las polaridades.
MIRADA DESPOJADA	Percibe el orden latente de las cosas y lo respeta (*el mejor cambio es el cambio posible*).
LOS OBJETIVOS APARECEN	Orientados al futuro desde el presente. Narra nuevas visiones creando sentido para los demás. Intuye y describe el futuro en el presente. No tiene agendas.
LAS RELACIONES NO SE GESTIONAN	Generosidad, integración de la discrepancia desde el amor y el respeto. Mentalidad de red (*todo está conectado*).
ACCIÓN	Testigo activo, presencia el momento, centrado en lo que sabe que debe pasar, creativo, precursor, *conformativo*.
MISIÓN	Provocar y acompañar lo que debe ocurrir, evidenciando peligros y oportunidades. Servir a la comunidad.
RIESGOS	Convertirse en un gurú, desvincularse del día a día, incomprensión o rechazo de su equipo.

4. El rol de liderazgo: nuevas funciones y nuevos modelos mentales

Si repasamos un poco la historia, recordaremos que el modelo taylorista tenía sentido en una economía básicamente industrial orientada a la racionalización de los procesos productivos y a la reducción de costes mediante la producción de grandes series. Desde nuestra perspectiva era un mundo simple, porque, además, la complejidad inherente a las relaciones humanas quedaba reducida por una cultura que primaba la obediencia y la estabilidad antes que el empoderamiento y la innovación.

El mundo posterior a la Segunda Guerra Mundial fue progresivamente tornándose más complejo y los sistemas de gestión también. La dirección por objetivos, la delegación o los sistemas de control de gestión más sofisticados fueron la respuesta al aumento de la competencia y del ritmo de cambio acelerado, en parte por el protagonismo alcanzado por el marketing y el auge del consumismo. Grandes cambios sociales generaron mayor diversidad, como fue, por ejemplo, la conversión de la juventud en un segmento de mercado.

A finales del siglo XX, con la aparición de internet y la creciente globalización, la complejidad da un nuevo salto, en esta ocasión de incremento exponencial. Ya hemos comentado el mundo VUCA con el que se resumen las características que preocupan y ocupan a los directivos, mandos y empleados de nuestro tiempo. Nadie pone en duda que la incertidumbre, el cambio constante y la interdependencia fruto de la globalización y las tecnologías de la información son características de nuestros días y retan a los sistemas y métodos de gestión con los que hemos estado trabajando las últimas décadas. La gestión de las organizaciones no podía quedar al margen de este proceso de actualización.

En resumen, el *management* se ha caracterizado históricamente por su capacidad de adaptación a los retos del entorno social e histórico de cada momento (Giménez y Casado, 2013), y ahora estamos en otro momento adaptativo crítico. Necesitamos nuevos modelos mentales, como hemos visto en el capítulo 3, pero también nuevos métodos.[9]

Si nuestro entorno es volátil necesitamos responder con flexibilidad y agilidad, y los organigramas, las descripciones de funciones cerradas y los procesos rígidos no son la respuesta. Deberemos buscar alternativas como las «estructuras flexibles» que se propondrán más adelante.

Si nuestro entorno es incierto, los sistemas de planificación deberán incorporar métodos de aprendizaje e innovación que se integren rápidamente en los sistemas de trabajo. No son creíbles las planificaciones a varios años vista ni tenemos tiempo para planificar durante un año un proyecto de mejora.

9. A principios de los años noventa del siglo pasado aparecen los primeros libros y artículos sobre el cambio necesario en la gestión. Curiosamente, la palabra de moda en aquella época era *caos*, como reflejan los títulos de algunos libros publicados en aquellos años: Peters (1994) Seminario Empresa y Humanismo (1993), Stacey (1994).

Si nuestro entorno es más complejo, necesitamos disponer de habilidades relacionales, de gestión de la discrepancia y de negociación, pero también definir espacios de diálogo (presenciales o virtuales) que faciliten la comunicación, el acuerdo y la toma de decisiones.

Finalmente, si nuestro entorno es ambiguo, necesitamos asumir la necesidad de los procesos de prueba y error, aceptar que los problemas complejos no pueden, estrictamente hablando, solucionarse, e implementar sistemas (como la inteligencia colectiva, que se verá en un capítulo posterior), que ayuden a crear una cultura de la colaboración y del empoderamiento.

Las respuestas adecuadas en el mundo complejo se asemejan a la descripción realizada por Dee Hock, fundador y presidente emérito de VISA Internacional, de los sistemas «caórdicos»:[10]

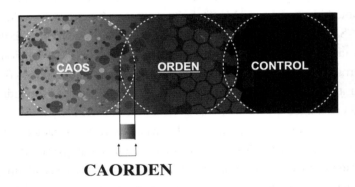

CAOS   ORDEN   CONTROL

CAORDEN

Figura 4. El caorden

10. El concepto de caorden nos ilumina sobre la gestión en un entorno VUCA. El caorden se refiere a la tensión permanente que hay en un sistema (por ejemplo, una organización), entre las fuerzas que impulsan al cambio, la innovación y la competencia y las fuerzas que impulsan al orden y la estabilidad (Hoock, 2001).

Este modelo, aplicado al mundo del liderazgo, nos dice que el espacio de gestión es la frontera entre el caos y el orden. El liderazgo inteligente tendría por finalidad crear espacios de orden en un sistema organizativo y económico que tiende hacia escenarios caóticos. También ha de gestionar la oportunidad de los momentos de ruptura del equilibrio (proyectos de mejora, innovación) y la de los de estabilidad (consolidación, optimización).

Por descontado debemos asumir que el control solo es posible en situaciones mecánicas o muy simples. En el resto de las situaciones, no deja de ser una fantasía, aunque, por ser tranquilizadora, es perseguida por muchas personas. El problema es que a medio plazo tiene un costo económico y personal muy elevado.

Todo ello demanda una nueva conceptualización de lo que entendemos por liderazgo:[11] el protagonismo del líder (carismático) se desplaza hacia la función (el liderazgo), que puede ser compartida.

El liderazgo inteligente debe integrar la tendencia adaptativa (cambio) en las estructuras administrativas. Es decir, gestionar la paradoja entre la flexibilidad, la innovación y la fluidez de una parte y las estructuras organizativas, el control y la estabilidad de otra. Recuperando la idea del caorden, el objetivo no es controlar esta dinámica compleja (cosa imposible), sino crear orden para poder obtener resultados. Como escribió Margaret Wheatley, una de las

---

11. Como señalan Uhl-Bien, Marion y Mc Kelvey (2007), requiere que distingamos entre liderazgo y líderes, ya que la teoría del liderazgo de organizaciones o situaciones complejas parte de una visión del liderazgo como una dinámica emergente e interactiva que produce resultados adaptativos, y por tanto considerará a los líderes como individuos que ejercen esa función influyendo, no controlando, en la dinámica del sistema, para conseguir los resultados deseados.

autoras precursoras en este enfoque, «hemos creado problemas en las organizaciones por confundir control con orden» (1994, pág. 50). Como dice la misma autora: «en lugar de crear un modelo que pronostica el futuro del sistema, los modelos no lineales, alientan a su diseñador a jugar con ellos y a observar lo que sucede» (pág. 158). Nada nuevo si recordamos lo expuesto en el apartado «Características de los sistemas complejos», pero representa un desafío a nuestras creencias sobre lo que significa liderar.

Este «jugar con ellos» se refiere a entender el liderazgo como una función de la organización, encarnada en los directivos y mandos, pero no solo en ellos, que influye en el sistema organizativo para explorar formas eficientes de adaptación a los retos del entorno, aprender de los proyectos y utilizar al máximo las capacidades de la organización (recursos, conocimiento, experiencia, potencial creativo). En una frase, el liderazgo inteligente aporta la optimización de la capacidad evolutiva de la organización, la que permite responder adaptativamente en un entorno en constante cambio.

Para ello, los líderes deben monitorizar de forma constante dos de los fenómenos clave para prever hacia dónde se dirige el sistema organizativo: observar los procesos de autorganización, anticipar qué emergentes surgirán de dichos procesos de autorganización e influir para que ambos factores (autorganización y emergentes) estén alineados con la visión de la organización. Un ejemplo: el líder debe identificar las tendencias relacionales de su equipo y observar si se están estructurando unas relaciones basadas en la desconfianza, el silencio o la evitación (autorganización involutiva) o basadas en la confianza, la comunicación abierta y el abordaje respetuoso de la discrepancia (autorganización evolutiva). Si no interviene en el sistema en el primer caso, emergerá el conflicto, mientras que en el segundo probablemente se están creando las bases de la innovación en un clima emocional sano.

Los líderes deben ser, pues, observadores de las dinámicas de sus equipos o departamentos, para entender las interacciones, las tendencias y los bloqueos que se producen en la constante alternancia de orden y desorden, en los sistemas caórdicos. Mediante sistemas de *feedback* positivo o negativo debe velar por el carácter evolutivo de la organización.

Así, donde el liderazgo clásico construía una visión, el liderazgo inteligente ahora debe coconstruirla a partir de la lectura del sistema y del entorno; donde el liderazgo clásico planificaba la estrategia para conseguir la visión e implicaba a los equipos el liderazgo inteligente facilita la autorganización y la emergencia de innovación. El liderazgo clásico quería definir el futuro, el actual identifica qué futuros son posibles e influye en la organización para que los cree. Los ejemplos de estrategias realmente disruptivas que crean futuro son poco frecuentes y mayoritariamente están asociadas a innovaciones tecnológicas.

En el apartado siguiente veremos cómo se puede acometer semejante reto.

El pentágono evolutivo: un GPS para liderar en la niebla

Las grandes funciones directivas, como la planificación, el control de gestión, la dirección de personas, la dirección de operaciones, la dirección financiera, la innovación, etc., siguen vigentes, por supuesto. La novedad que aporta el entorno VUCA son las condiciones en las que se deben afrontar.

La principal finalidad del liderazgo que han de desarrollar los directivos y mandos de una organización es crear el orden necesario para que la organización pueda desarrollar en condiciones óptimas la producción de productos o la provisión de servicios. Pero esta creación de orden no puede llevar al inmovilismo o la rigidez, que serán el preludio de la agonía, sino que debe ser alternada con el cambio, la flexibilidad y la innovación. Gestionar esta aparente contradicción es la primera gran finalidad.

Además, las organizaciones necesitan incorporar «mentalidad de red» que supere las rigideces de la «mentalidad de organigrama», disponer de espacios de diálogo que permitan una gestión inteligente de la discrepancia, inevitables en una red, y aprovechar al máximo la capacidad interna (inteligencia colectiva) para permitir la toma de decisiones más eficaz que integre las diferentes perspectivas de la organización. Estos son los tres sistemas de gestión básicos que permiten respetar y orientar la autorganización y velar por la alineación de dichas decisiones con la visión de la empresa como se apuntaba antes. Un tema que escapa a los propósitos de este libro, pero que es fundamental, es qué estructuras organizativas pueden dar respuesta a esa mentalidad de red. Los intentos a lo largo de las últimas décadas han sido muchos y con aciertos importantes. Desde la gestión por procesos o la gestión por proyectos, hasta los enfoques más recientes como la holocracia descrita por Robertson (2015) o las distintas modalidades de estructuras autónomas más o menos autogestionadas.[12]

En la figura 5 se diagraman las dos finalidades y las cinco palancas para gestionarlas. Las dos palancas superiores, crear sistemas de *feedback* y generar estabilidad, permiten abordar la dialéctica orden-

---

12. Al respecto puede consultarse el libro de Mussons (2020).

cambio, mientras que las tres inferiores se refieren a los sistemas de gestión que permiten abordar la complejidad de una red, la discrepancia inevitable en entornos complejos y la toma de decisiones complejas con el máximo de garantías de eficacia.

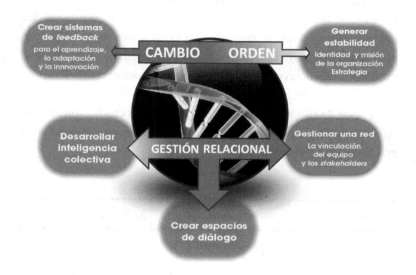

Figura 5. El pentágono evolutivo

Es importante leer el esquema anterior con mirada sistémica. No se trata solo de dos funciones (cambiar o mantener la estabilidad) a desarrollar mediante las técnicas de gestión relacional. Son cinco palancas de gestión que están interactuando constantemente. Así, la estabilidad permite ordenar y estructurar los resultados del cambio, que en ocasiones surgirá de decisiones de inteligencia colectiva, que solo es posible entre personas vinculadas e implicadas a un proyecto y que dispongan de los espacios de diálogo adecuados, y así sucesivamente.

Además, la gestión entre cambiar o mantenerse será mixta en muchos casos. Se mantendrán algunos aspectos de la organización (productos, segmentos de mercado, tecnología) y se cambiarán otros. En un símil baloncestístico usado habitualmente, se trata de pivotar (un pie está en el suelo, mientras que el otro gira sobre sí mismo) para ganar una posición ventajosa ante el defensor. Girar sobre sí mismo sin más no ayuda a encestar, pero permanecer inmóvil facilita la tarea del defensor.

A pesar de ello, y con ánimo clarificador, en el cuadro siguiente se diferencian y resumen los retos de cada palanca que se desarrollaran en los capítulos siguientes:

PALANCAS	FACTORES CRÍTICOS	RESULTADOS
GENERAR ESTABILIDAD	Identidad: ¿quiénes somos? Misión: nuestra razón de ser. Estrategia: ¿qué priorizamos? Valores que promovemos.	Orden y estabilidad. Dirección estratégica. Claridad de propósito y de encargo.
GESTIONAR UNA RED	Determinar los límites del sistema y los subsistemas. Identificar los actores clave. Conocer expectativas. Vincular cada miembro del equipo.	Sinergia. Flexibilidad. Vinculación. Pertenencia. Motivación.

Palancas	Factores críticos	Resultados
Crear espacios de diálogo	Organizar las estructuras relacionales (estructuras líquidas). Integrar los espacios de diálogo como herramienta de gestión. Gestionar las discrepancias. Integrar miradas alternativas.	Integración de una cultura relacional y de diálogo. Acuerdos consistentes. Reducción de conflictos.
Desarrollar la inteligencia colectiva	Fiabilidad en la toma de decisiones. Consciencia sobre la respuesta colectiva para retos complejos. Disponer de agentes de inteligencia colectiva.	Decisiones adaptadas al contexto. Aprovechamiento de la diversidad y del conocimiento interno. Fortalecimiento del «nosotros» (identidad y pertenencia).
Crear sistemas de feedback	Apertura al entorno. Capacidad de aprendizaje e innovación. Capacidad de cambio. Sistemas de indicadores *ad hoc*.	Adaptabilidad. Creatividad. Monitorización de procesos y resultados.

5. Generar estabilidad para evolucionar

Los momentos de incerteza, cambio y ambigüedad que se prolongan en el tiempo repercuten en las personas, y las manifestaciones más habituales, e inevitables en general, son la ansiedad y el estrés.

Cuando los seres humanos están en situación de estrés prolongado y en niveles superiores a lo recomendable, es mucho esperar que, además, tengan la serenidad emocional y la claridad racional para tomar buenas decisiones, individual o colectivamente. Además, el riesgo de conflicto aumenta, y también el impacto en la salud de las personas.

Por todo ello, parece evidente que es importante generar estabilidad, en forma de anclajes o incluso de islotes en medio de un mar tormentoso, para poder acometer con garantías los procesos de adaptación necesarios. En este punto no podemos estar de acuerdo con la interpretación postmoderna del cambio constante y radical como inevitable y deseable. El cambio puede ser bueno o malo, en argot del pensamiento complejo diríamos evolutivo o involutivo. Y, además, una sociedad líquida no puede excluir la estabilidad si quiere mantener un mínimo de orden y no caer en el caos. En un sistema humano, como es una organización, el máximo promotor del orden es el sentido de la acción conjunta, y por tanto todo cambio del que no se percibe el sentido es involutivo. Los líderes tienen diversos mecanismos para buscar el sentido, como veremos a continuación.

Identidad y misión

El primer factor de estabilidad es la identidad, es decir, la respuesta a la pregunta: ¿quiénes somos? Esta respuesta es un relato que cualquier persona o grupo confecciona a partir de sus aspiraciones, vivencias y acontecimientos vitales. Está claro que, como cualquier relato, es subjetivo, parcial e incluso irreal en algunos casos, pero sin esa definición es difícil construir un edificio sólido. Por eso, los equipos formados por «mercenarios» tienen dificultades para lograr la excelencia, al margen de las capacidades individuales. Algunos equipos deportivos formados por estrellas no vinculadas emocionalmente al club son un buen ejemplo de ello.

El relato de identidad incluye las finalidades y la historia, los éxitos y los errores, quién forma parte del «nosotros» y quién consideraremos como «ellos». Todo esto debe ser gestionado con cautela.

Un equipo necesita tener un «nosotros» fuerte, pero no rígido ni excluyente. En la medida en que el «nosotros» es más cerrado, más lejanos y extraños son los «otros», sean otros departamentos de la organización, *stakeholders* o incluso los clientes a los que dejamos de escuchar. Se trata, por tanto, de construir un «nosotros» consistente, pero abierto al entorno y que sea capaz de escuchar y pactar con los otros.

Una primera decisión importante es dónde ponemos la frontera entre el «nosotros» y el entorno. La decisión no es obvia ni neutra.

No es obvia porque «el nosotros es mi equipo» puede ser un error en casos en los que una visón más amplia, departamental o incluso organizacional nos aporte sinergias. Tampoco es neutra, ya que un nosotros restringido otorga cohesión, pero también incrementa la diferencia con muchos «otros», y un «nosotros» expandido», aunque bienintencionado, puede hacer ingobernables las discrepancias internas.

Otro aspecto de estabilidad que debe ser cuidado es la historia. Una persona o un equipo deben reivindicar su historia, incluso cuando esta no es gloriosa. Avergonzarse del pasado limita la libertad, la confianza y la libertad de elección para el futuro y puede dificultar nuestra capacidad de adaptación e innovación.

Los momentos realmente disruptivos no son tan frecuentes. La evolución es más progresiva de lo que las teorías postmodernas, y nuestra impaciencia, nos quieren convencer. El gran proceso de la historia de la humanidad es sin duda la propia evolución de nuestra especie en los últimos dos millones y medio de años. Somos una especie que ha tenido éxito por los cambios evolutivos, y sobre todo por la conservación de los pequeños cambios exitosos que no hemos eliminado y lanzado a la papelera de nuestra historia. Por eso compartimos el 99% de nuestro ADN con nuestros primos chimpancés.

Aquí podemos incorporar las aportaciones de la indagación apreciativa (*appreciative inquiry*) de David Cooperrider,[13] con la finalidad de poner en valor todo aquello de positivo que forma parte de la historia y el presente de la organización para abordar con seguridad y energía los retos del futuro inmediato. No se trata de borrar los errores o los puntos débiles, sino de tener la capacidad de abordarlos con orientación al futuro y con confianza fundamentada en los recursos (tangibles e intangibles) que tiene la organización.

Decíamos antes que la identidad es el relato que hacemos sobre nosotros mismos y nuestras circunstancias, y este hecho tiene unas consecuencias vitales para la estabilidad en entornos turbulentos, pues lo que nos puede aportar es, ni más ni menos, que sentido y cooperación.

13. Para profundizar en la indagación apreciativa, puede consultarse Subirana y Cooperrider (2013).

Este relato nos tiene que orientar hacia unas finalidades, debe informar sobre cómo afrontar las dificultades para conseguirlas desde la consciencia de los recursos acumulados a lo largo del tiempo y debe ayudar a visualizar un futuro esperanzador, ilusionante y realista (creíble).

El historiador israelí Yubal Harari, autor del conocido superventas *Sapiens*, después de efectuar uno de sus documentados caminos por la historia de la humanidad, concluye que «el sentido se crea cuando muchas personas entretejen conjuntamente una red común de historias» (Harari, 2016 bis, pág. 166). Howard Gardner desde un enfoque cognitivo del liderazgo nos añade: «son las historias de identidad –narraciones que ayudan a los individuos a pensar y a sentir quiénes son, de dónde vienen y adónde se encaminan– las que constituyen el arma más poderosa del arsenal literario del líder» (1998, pág. 69). Volviendo a Harari (2016, pág. 49), cierra el círculo al plantear que cualquier cooperación humana a gran escala está fundamentado en mitos comunes que solo existen en el imaginario colectivo de las personas. Todo ello no hace sino reforzar la importancia de la identidad y nos lleva a la otra cara de la moneda, que no es otra que la misión.

La misión es la concreción de la finalidad de la organización, departamento, equipo o incluso de un rol profesional. No es solo una frase o lema con intención de comunicación interna o externa, sino que debe ser la síntesis de una reflexión profunda sobre las razones de la existencia de la organización, de su propósito básico, y del valor que aporta a sus empleados, clientes y *stakeholders*. Por decirlo así, es lo que justifica y da sentido a nuestra identidad: obramos conjuntamente para aportar algún valor.

Si se degrada la misión a una simple declaración formal de intenciones sin mayor compromiso, los líderes están dificultando la vinculación de los objetivos de la organización con el sentido del trabajo para sus colaboradores y también la congruencia interna del sistema de planificación, ya que la misión es el fundamento de una visión y una estrategia coherentes.

Una vez más, la definición de misión no es obvia ni neutra. Lo podemos ejemplificar con un caso real desfigurado para evitar la identificación de la empresa.

LA MISIÓN DE UN EQUIPO IMPULSOR DE LA INNOVACIÓN

Promociones, S.A., es una empresa de promoción cultural. El impacto de la digitalización en su modelo de negocio ha sido muy fuerte y la dirección de la empresa decidió crear unos equipos de impulso a la innovación para generar dinámicas de mejora continua y generación creativa de nuevas ideas. Para facilitar el trabajo de uno de dichos equipos, se empezó por proponer a sus miembros que identificaran una misión para ellos mismos como equipos ante el encargo recibido. La misión debía ser breve, tener sentido para ellos, conectar con sus propósitos personales y reflejar el foco de su tarea como equipo. El resultado fue el siguiente enunciado: «Nosotros queremos romper inercias y generar espacios de comunicación valientes y honestos para construir desde la confianza».

Una frase, generada por el propio equipo, con sentido para sus miembros y que focaliza la actuación del equipo. Es un excelente ejemplo de la función de la misión, y obsérvese que hemos escogido como ejemplo una definición de misión como elemento de orden y estabilidad justamente en un equipo impulsor del cambio, para destacar la inevitable complementariedad de ambos estados (estabilidad y cambio).

Visión y estrategia

La visión es la descripción del futuro ambicionado de la organización. Es una mirada estratégica a medio plazo, no cortoplacista ni continuista, pero creíble, si no quiere parecer un delirio más que una visión.

La visión es un factor de estabilidad desde el momento en que clarifica a los miembros de la organización dónde queremos estar en un futuro más o menos cercano. Por lo tanto, como una brújula, orienta la acción en los momentos de confusión. Si sabemos hacia qué futuro nos queremos dirigir, será más fácil decidir el camino que seguir: por su naturaleza visionaria, también apunta al cambio.

La identidad nos informa de quiénes somos, la misión nos recuerda nuestro propósito, y la visión nos dice cómo expresaremos esa identidad y misión en el futuro. Es una mirada amplia que se irá concretando en los objetivos estratégicos, pero permite traer al presente el futuro que vemos deseable y posible.

La construcción de una visión no es un ejercicio de imaginación y debe seguir un método que considera los elementos clave que no se pueden obviar:

- Construir desde la identidad y la misión, con mirada apreciativa evidenciando las fortalezas y las oportunidades. Centrarse exclusivamente en las debilidades y peligros lleva a visiones reactivas y defensivas.
- Leer el entorno y sus tendencias (económicas, tecnológicas, demográficas, políticas, sociológicas, de mercado, etc.) para evidenciar las necesidades de adaptación. Preguntas sobre los clientes actuales o futuros, la evolución de la competencia, la

renovación de productos o servicios, explorar posibles alianzas o colaboraciones o prever las innovaciones tecnológicas informan sobre los cambios que la organización debe abordar para adaptarse al entorno.

• Considerar el nivel de incertidumbre del entorno, que en una categorización ya clásica (Courtney, Kirkland y Viguerie, 1999) puede responder a cuatro situaciones: futuro suficientemente claro, futuros alternativos, abanico de futuros y ambigüedad. La respuesta estratégica lógicamente debe adaptarse al escenario y podrá ser ortodoxa en el primer caso, para hacerse más flexible en las situaciones intermedias o recomendar una prudente reactividad oportunista en el cuarto supuesto.

• Coconstruir: la visión ya no puede ser el resultado de la inspiración de un líder carismático. En entornos VUCA nadie puede tener la capacidad de considerar las innombrables variables que pueden aparecer. Por ello, la creación de la visión es un proceso colaborativo interno y también con la participación de los *stakeholders* externos principales. Este proceso colaborativo permite además integrar sin traumas los cambios necesarios en la identidad y la misión de la organización, manteniendo el sentido para sus miembros.

• Convertir la visión en líneas estratégicas que pueden incluir planes alternativos en función de la complejidad e incertidumbre del entorno.

No entraremos ahora en los métodos de definición estratégica por ser de sobra conocidos, pero sí es necesario efectuar un recordatorio pertinente en entornos complejos. La estabilidad no debe ser en ningún caso un impedimento para la flexibilidad y la adaptación.

Como veremos en el capítulo siguiente al hablar de cambio, la planificación debe estar sujeta al aprendizaje y a la innovación. Planificación y adaptación dejan de ser contradictorios para convertirse en polos que se alimentan mutuamente. Proactividad y reactividad son dos formas complementarias y no excluyentes de responder al entorno, a veces en una «prorreactividad», neologismo necesario en los escenarios complejos.

La teoría de la información nos provee de una norma útil para planificar en entornos de alta incerteza: si aumenta la incertidumbre del entorno, un sistema, para sobrevivir, debe incrementar su complejidad interna o /y su capacidad de anticipación, o aceptar disminuir su capacidad de influencia (Wagensberg, 2014, pág. 149). En otras palabras, una organización tiene tres opciones: dos de ellas complementarias y recomendables: 1) aumentar su complejidad interna mediante la participación e innovación; 2) anticiparse a los acontecimientos, mediante planes alternativos y muchas veces de prueba-error,[14] y 3) renunciar a incidir en el entorno, sea este el mercado o la sociedad en el caso de la administración pública.

En otra polaridad que se retroalimenta en lugar de resultar contradictoria, cosa habitual en las situaciones complejas, la planificación estratégica puede surgir del nivel directivo de la organización a la manera clásica, pero verse revisada en el nivel operativo que acaba por autorganizarse de una manera más adaptativa.

La capacidad autorganizativa de los equipos, además de inevitable, lejos de ser un problema, es un recurso de primer orden en

14. El economista Jaume Gil Aluja, creador en los años sesenta, junto al ingeniero Kaufmann, de la teoría de los subconjuntos borrosos aplicada a la economía de la empresa, afirmó: «Triunfa quien se equivoca poco, no quien la acierta» (*Ara*, 28 de abril de 2012).

las situaciones de alta complejidad. Solo hace falta recordar las respuestas de adaptación rápida en los sistemas sanitarios de salud pública, atención primaria u hospitalaria ante la pandemia de la COVID-19. A pesar de la gravedad de la pandemia, del número de pacientes y de la limitación de recursos de todo tipo, el sistema fue capaz de generar espacios de atención, procesos de gestión, revisión de roles (disolución de especialidades), sistemas de cooperación e intercambio de conocimiento y sistemas de toma de decisión que permitieron plantar cara a la emergencia. No deberíamos necesitar una situación de urgencia como esta para aprovechar mejor la capacidad autorganizativa.

Valores operativos para un entorno cambiante

En la portada de un diario económico[15] se podía leer literalmente: «China y el petróleo, dos grandes ocasiones cuando hay crisis». La argumentación técnica que aparecía en las páginas interiores era probablemente correcta desde el punto de vista del inversor bursátil. Nada más aparentemente neutro que el mundo técnico de las finanzas.

Pero en esa fecha ya se habían producido los primeros miles de muertos debido a la pandemia de la COVID-19, causa de la crisis, e invertir en petróleo, uno de los causantes del cambio climático, no deja de ser una invitación al beneficio a corto plazo ajena a la emergencia climática. Si recordamos estas cuestiones, la portada deja de ser exclusivamente técnica y pasa a ser una declaración de valores.

15. *El Economista*, edición del 8 de febrero de 2020.

Cualquier comportamiento humano responde a unos valores, a una definición sobre lo que es correcto o incorrecto, deseable o indeseable, premiable o punible. Son extrapolaciones de las creencias de este sistema sobre el mundo que le rodea.

Todos los sistemas cuentan con grandes valores éticos que aspiran a ser universales, como la verdad, la libertad o la justicia, cuya definición también va variando según los contextos culturales e históricos. Los valores son inherentes al sistema que los define y, aunque pretendan tener validez universal, evolucionan generalmente para adaptarse al entorno del sistema, en busca de su máxima eficacia. En este apartado, nos centraremos en aquellos valores que aspiran a orientar el comportamiento de las personas en las organizaciones, construyendo de esta manera un pilar básico de su cultura

Los valores son un factor de estabilidad, nadie lo duda. La duda en tiempos de incerteza y cambio acelerado es acerca del papel que deben desempeñar para no convertirse en un elemento de rigidez más que de estabilidad. Pensemos, por ejemplo, en el control y la obediencia como valores reguladores de la empresa y su impacto en los momentos de cambio.

El psicoanalista Ramón Riera nos destaca una cuestión clave de una manera muy directa: «durante toda nuestra existencia, los *sapiens* hemos utilizado los valores para sobrevivir a las transformaciones del mundo en el que vivimos» (2019, pág. 253). Es decir, los valores son creencias sobre la manera correcta, pero también eficaz, de comportarse ante los retos del entorno. Por lo tanto, sus funciones son múltiples ya que además del aspecto prescriptivo y regulador, favorecen la pertenencia al grupo y la cooperación, están en la base de los relatos compartidos, dotan de sentido a nuestras vidas y también nos adaptan al entorno.

Los sistemas de valores impregnan las» representaciones del mundo», que comentamos en un capítulo anterior: cada nivel de consciencia genera una interpretación viable del universo misterioso que nos rodea y nos permite operar y sobrevivir en él.

De una manera muy resumida y siguiendo a Riera en el recorrido histórico que plantea, «en la etapa nómada preagrícola, los valores predominantes eran de supervivencia basada en la unidad y la colaboración, anteponiendo el grupo al individuo».

Tras la evolución agrícola, con la aparición de poblados y después ciudades, el aumento de la población y finalmente de la complejidad social, los valores cambian y aparecen los valores jerárquicos y patriarcales que legitimaban un pacto social de protección y seguridad a cambio de sumisión.

La invención de la imprenta y mucho después la revolución industrial, la revolución científica y el romanticismo vuelven a cuestionar los valores anteriores y aparecen otros más adaptados que se centran en la libertad personal, en la vivencia emocional de la opresión y, por tanto, en la emancipación como forma de crecimiento personal y colectivo. Los movimientos surgidos en la segunda parte del siglo XX, de carácter contracultural, feminista o contra la discriminación racial o de orientación sexual son buenos ejemplos. Conceptos como empatía o inteligencia emocional son conceptos que tienen sentido en esta escala de valores, pero que eran incomprensibles y también inútiles en la escala anterior.

La pregunta que nos podemos formular es cuáles son los valores necesarios en un mundo VUCA.

Hace más de veinte años, los precursores de la dirección por valores en nuestro país, Salvador García y Shimon Dolan, ya nos daban una pista: «los valores actuarían a modo de organizadores o atractores del desorden [...] que predicen el comportamiento a largo plazo de los sistemas complejos» (1997, pág. 17). Es decir, los valores promueven comportamientos que nos permiten abordar eficazmente la complejidad.

Los valores operativos que nos pueden adaptar en nuestro presente tienen que ver con flexibilidad, adaptación, apertura en relación con el entorno, y aprendizaje, innovación y colaboración para los procesos internos.

Los valores son productos sociales creados por los miembros de un grupo, y forman parte de la cultura de ese grupo. Ello quiere decir que los valores difícilmente serán cambiados desde fuera, por decreto o por obediencia a una nueva declaración formal de valores que la empresa cuelga en carteles visibles en todas las salas de reuniones.

El cambio de valores implica invitar a las personas a reflexionar críticamente sobre cuáles son los valores activos en el día a día, validar (o no) su utilidad y proponer alternativas en caso de obsolescencia. Pasa por fases de cuestionamiento, descubrimiento, asombro, duda, toma de consciencia, entrenamiento, aprendizaje, etc. El proceso no será rápido y no lo solventaremos en una reunión, ya que implica cuestionar modelos mentales individuales y consensos grupales, pero debemos tener muy claro que solo el grupo puede cambiar los valores que ha construido.

Pero también debemos admitir que, en tiempos de globalización y cambio acelerado, los valores tienen un cierto nivel de relativismo, en el sentido de que pueden ser definidos de maneras alternativas. Como escribe el economista y filósofo Ulrich Hemel, «un sistema ético será más bien un mapa de carreteras que una ruta establecida» (2007, pág. 64). El mismo autor afirma: «la ética se evidencia de nuevo y también en la gestión práctica de la empresa como el arte del equilibrio» (pág. 41).

Este es uno de los difíciles equilibrios tan habituales en tiempos complejos. Las organizaciones necesitan unos valores claramente establecidos que aportan estabilidad y cohesión, pero al mismo tiempo necesita poder interpretarlos flexiblemente e incluso actualizarlos si fuera necesario. Gestionar este equilibrio es una de las tareas fundamentales para los líderes actuales.

Generar orden mediante «estructuras flexibles»

El mundo VUCA demanda flexibilidad y capacidad de adaptación ágil. Gestionar en el caorden implica también flexibilidad para gestionar la tensión entre estabilidad y cambio, y respetar la capacidad de autorganización de los equipos, ya que, según Hock (2001), la función de líder es autoliderarse, liderar a los que tiene por encima y liderar a los iguales, para impulsar una cultura que facilite las mejores condiciones de trabajo a los equipos. Finalmente, el mundo complejo cuestiona las estructuras organizativas jerárquicas y divisionales tradicionales, que son óptimas para un mundo complicado. Frédéric Laloux (2014) propone, en la misma línea, unas organizaciones en las que se redefinan radicalmente las relaciones de poder internas.

La pregunta que nos podemos hacer ahora es si existe alguna estructura adaptada a estos entornos VUCA, caórdicos y complejos, o si el único factor generador de orden puede ser el propio liderazgo y el empoderamiento de los equipos. Estos dos factores son fundamentales, sin duda, pero también se pueden apoyar en una cultura que promueva una estructura flexible –es decir, contingente a una situación que debe abordarse–, temporal (dura lo que dura la necesidad) y de participación variable (incluye a las personas necesarias para esa situación).

La generación de orden en una organización necesita una cierta estructura (sistemas de gestión, procesos), ya que, de no existir, toda la carga reposaría sobre los hombros de las personas, jefes y equipos, y, por poner dos ejemplos, la coordinación solo sería posible mediante el jefe o de manera informal, y el control de gestión sería heterogéneo y discrecional.

Las estructuras también son necesarias porque dan seguridad y estabilidad (aunque sea temporal). El cambio permanente genera unos niveles de incerteza que difícilmente podrán asumir las personas de la organización. Como vimos, los efectos serán la ansiedad y el estrés.

El concepto «estructura flexible» parece una contradicción, ya que asociamos la palabra *estructura* a algo rígido, estable, duro. Pero el concepto de estructura hace referencia a un conjunto de elementos relacionados de cierta manera y con una cierta permanencia. Una estructura flexible sería pues, la forma en que una organización, o una parte de ella, organiza sus elementos para dar una respuesta adaptativa a los retos del entorno. La estructura durará lo que dure la necesidad de respuesta. Estamos hablando de una cultura que nos orienta sobre cómo afrontar ciertas situaciones que son frecuentes hoy en día para generar orden. Tampoco es muy revolucionario si pensamos en la clásica gestión por proyectos, las estructuras matriciales o las organizaciones en red.[16]

---

16. Pueden verse ejemplo de «colaboración masiva» en el libro, ya clásico, *Wikinomics* de Tapscott y Williams (2009).

Las estructuras «sólidas» (protocolos, procesos, descripciones de puestos de trabajo, sistemas de gestión estables) funcionan en el mundo complicado; las estructuras flexibles, en el mundo complejo, y las dos deben coexistir. Gestionar esta coexistencia (una manifestación del caorden) es probablemente la nueva función estratégica del liderazgo a todos los niveles de la organización.

La razón de ser de las estructuras flexibles es ofrecer la fluidez necesaria para el desarrollo de las funciones de la unidad o de la organización en su conjunto. Para conseguirlo, debe tener cuatro cualidades o valores fundamentales:

- **Agilidad**: la rapidez de respuesta es un factor clave de éxito. A la volatilidad se responde con agilidad.
- **Adaptabilidad**: saber hacer una buena lectura de los retos, expectativas de los *stakeholders* y de los cambios en las situaciones y tener la flexibilidad para responder es fundamental para evitar la obsolescencia de nuestro servicio o producto.
- **Acuerdo**: como no existe una única respuesta correcta (ambigüedad), más que dar con la solución técnicamente inapelable o el proceso perfectamente definido, las organizaciones deben tener la capacidad para llegar a acuerdos para decidir planes de acción. La capacidad para llegar a acuerdos internos es una competencia estratégica.
- **Aprendizaje**: en entornos complejos, el control de gestión y la evaluación han de ser impulsores de aprendizaje en la línea de las organizaciones inteligentes definidas hace décadas por Chris Argyris, Peter Senge y otros expertos posteriores.

Figura 6. Las cuatro A de las estructuras flexibles

En realidad, hace muchos años que las estructuras buscan más flexibilidad, adaptabilidad y también más alineamiento entre los profesionales y las unidades. Solo hay que comparar una estructura jerárquica y divisional clásica con una estructura en red, o recordar la normalidad con la que hablamos de gestión por procesos, gestión por proyectos, mejora continua o transversalidad.

Las dificultades de las estructuras tradicionales en las situaciones «caórdicas» son cuantitativas (necesitamos más agilidad y más flexibilidad que hace un tiempo), pero sobre todo cualitativas: en situaciones de alta incerteza y complejidad, necesitamos crear espacios de toma de decisiones basadas en el acuerdo, adaptadas a la casuística más diversa, y con un dispositivo de monitorización que permita el aprendizaje constante para actualizar las decisiones lo más ágilmente posible. También, hay que recordarlo, debemos asumir que el objetivo de la toma de decisiones no es buscar la buena solución, sino la opción acordada mejor que seamos capaces de encontrar, sabiendo que esta decisión será, seguramente, parcial y temporal, y que incluso puede no funcionar, por lo que necesitaremos disponer siempre de un plan B.

Como se puede deducir, estamos hablando de formas de gestión que van mucho más allá de los sistemas de coordinación, procesos de negociación interna o modelos como el de proveedor-cliente interno. Lo que necesitamos es crear, facilitar y gestionar una cultura que promueva nuevas formas de conducta:

- **El acuerdo como forma de toma de decisiones en detrimento de las decisiones jerárquicas o exclusivamente técnicas.** En la mentalidad tradicional, no compleja, las decisiones o eran estratégicas o eran técnicas. Las primeras le correspondían al jefe (a cualquier nivel), las segundas a los expertos. En situaciones VUCA el jefe no puede tener la información, ni la experiencia suficiente para hacerlo y un técnico individual verá sus conocimientos desbordados. Además, puede haber diferentes opiniones técnicas que sean alternativas.

  En este contexto, la opción más razonable es crear un espacio de diálogo con las personas que es necesario que vean representadas sus perspectivas y aportaciones para llegar a un acuerdo que las integre. También deberemos tener en cuenta las expectativas de los *stakeholders* que se verán afectados por la decisión.

- **El valor de la discrepancia como factor de crecimiento.** La discrepancia es la base del crecimiento, pero también puede ser

fuente de conflicto. Por ello, para abordar eficazmente estos espacios de diálogo, los profesionales necesitan conocer y utilizar
diversas técnicas y métodos: desde las técnicas de comunicación más básicas hasta métodos más complejos para llegar a
acuerdos y para mantener procesos de diálogo integradores y
creativos, además de los analíticos y de solución única, como
los que pueden consultarse en el capítulo 8.

- **La necesidad de procesos de inteligencia colectiva (IC).** Las
situaciones de alta complejidad sobrepasan la capacidad individual de cualquier profesional, y por ello necesitamos apelar
a la capacidad colaborativa grupal. Las habilidades anteriores
son la base sobre la que construir procesos de IC, entendida
como la capacidad que puede tener un grupo para tomar decisiones desde un «nosotros» como sujeto y no desde el consenso o negociación entre las opiniones individuales. Pero antes
es necesario construir este «nosotros» a partir de métodos de
facilitación de la IC, que pueden consultarse en el capítulo 9.

- **Un rol de liderazgo definido como facilitador del resto de
factores.** En un modelo de gestión así, el rol de liderazgo no
puede ser el tradicional de comunicar la visión, ganar complicidades, y dirigir el proceso de implementación, sino que, como
dice Dee Hock, el líder debe ocuparse en constatar la identidad
(¿quién somos?), impulsar la misión (¿qué aportamos?) e identificar las finalidades (¿qué queremos conseguir?), y, finalmente,
crear las condiciones de diálogo para que la autorganización del
grupo decida cuáles son las preguntas correctas y cuáles pueden
ser las respuestas.

El caso del departamento de recursos humanos de Infraestructuras, S.A.

Utilizaremos un caso, que resultará bien conocido para los profesionales de recursos humanos, para explicar un ejemplo de estructura flexible en la práctica, sucedido en una empresa de mantenimiento de infraestructuras, en la que el departamento de recursos humanos tradicionalmente operaba según dos lógicas: como transmisora de decisiones estratégicas, como la política retributiva o las políticas de conciliación, y como proveedora interna de servicios siguiendo los principios de servicio interno, como, por ejemplo, los procesos de selección, los planes de formación o programas de desarrollo asociados a planes de carrera o de retención del talento. La primera seguía la lógica jerárquica y la segunda la de calidad de servicio interno, y por tanto eran coherentes con estructuras y procesos bien definidos y estables.

Con la intención de mejorar el servicio y hacerlo más flexible, se implantó un modelo de consultores internos. El rol consistía en un profesional que estaba en contacto constante con las unidades de «negocio» para detectar rápidamente sus necesidades.

La idea era excelente, pero pronto empezaron a aparecer algunos efectos secundarios que con las estructuras clásicas eran difíciles de resolver. Por ejemplo, cierta confusión sobre el papel que debían tener los consultores internos y la estructura técnica de recursos humanos ante un cliente interno concreto. El consultor tendía a considerar a la unidad destinataria como su cliente y al departamento de recursos humanos como un proveedor de servicios a demanda, y este último tendía a considerar al consultor como un intermediario con la unidad cliente.

Y los dos tenían razón, y, según los casos, las dos perspectivas pueden ser ciertas y útiles, en función del grado de discrecionalidad del servicio, la importancia del conocimiento inmediato de la situación, o factores relacionales, como la confianza entre los consultores y los técnicos del departamento. Incluso debía considerarse cuál era la puerta de entrada (consultor o departamento) de una demanda concreta de una unidad cliente. La casuística desbordaba cualquier protocolo rígido. Estamos en el hábitat preferido de las estructuras líquidas.

¿Cuál sería en este caso esta estructura?

Lo primero que debemos recordar es que la regla básica para intervenir en situaciones complejas es intervenir en el nivel de complejidad en el que se produce la situación disfuncional. En este caso, ello implica que no había que intervenir en el nivel de la persona/rol, ni al nivel relacional, por ejemplo, mediante una negociación entre los consultores y el departamento, sino en el nivel del sistema.

Sería un espacio de diálogo con finalidad decisoria formado por profesionales del departamento de recursos humanos afectados por un tema concreto, los consultores internos implicados, proveedores externos si procede y miembros de la unidad cliente para llegar a los acuerdos operativos sobre qué se debe hacer, cómo se puede hacer, quién hará qué y cómo se evaluará.

Como vemos en el caso, se trata de un espacio de diálogo fijo, pero temporal, similar a las reuniones de proyecto, pero integrado en la gestión ordinaria. Su función es ser el espacio en el que se definen los vínculos relacionales entre el cliente, los consultores y el departamento, siendo un espacio de planificación, información, seguimiento y decisión, cuya vida va asociada a la duración de la tarea, proyecto o función. Cuando estos finalizan, el espacio desaparece. Obviamente, habrá constantemente diversos espacios activos y cada profesional puede ser miembro de más de un espacio. Los aspectos relacionales de los espacios de diálogo se verán en un capítulo posterior.

Quince ítems para la reflexión

A continuación, se proponen quince afirmaciones sobre los conceptos discutidos en el capítulo para que el lector pueda reflexionar sobre su propia organización. No son respuestas en clave sí/no, sino más bien estímulos para el debate

FACTORES	A MENUDO	A VECES	RARAMENTE
Tenemos una clara definición de quiénes somos.			
Tenemos claro quién forma parte del «nosotros».			
El «nosotros» puede ser flexible según el momento o el proyecto.			
Tenemos claros nuestros puntos fuertes al igual que los puntos débiles.			
Reconocemos los aciertos y éxitos de nuestro pasado.			
La misión (qué aportamos y a quién) es conocida por todos los miembros de la organización.			
Nuestra misión es coherente con el encargo de la organización (dirección).			

FACTORES	A MENUDO	A VECES	RARAMENTE
La misión es compartida en todos sus conceptos por los miembros de la organización.			
Tenemos una visión clara de lo que queremos ser (producto, procesos, clima, etc.).			
La visión es compartida.			
La visión permite planes estratégicos alternativos.			
Revisamos periódicamente la validez de nuestros valores.			
Los valores están bien descritos conductualmente.			
Revisamos periódicamente el cumplimiento de nuestros valores.			
Hay coherencia entre la identidad, la misión, la visión, la estrategia y los valores.			

6. Crear sistemas de *feedback* para el cambio evolutivo

En el capítulo anterior hemos visto la importancia de dotar de estabilidad a la organización, pero también hemos comentado repetidas veces que en el siglo XXI un exceso de estabilidad, o una estabilidad demasiado duradera, equivale a tener problemas de adaptación al entorno con suma facilidad.

En este capítulo veremos la función complementaria, el fomento de la capacidad de adaptación, cambio y mejora de la organización para que pueda evolucionar. Y recordemos: si una organización no evoluciona, acabará por involucionar. Estamos hablando de una necesidad no de una opción de gestión, que, por supuesto será diferente en cada sector, o según la dimensión y situación geográfica de la organización, aunque estas variables solo pueden modular la necesidad, no cuestionarla.

Una organización evolutiva es una organización que sobrevive y crece gracias a que es flexible internamente y adaptable a su entorno. Estas capacidades se manifiestan en una serie de procesos, que son los que el liderazgo debe promover, orientar y facilitar mediante los sistemas relacionales y de *feedback*:

- Finalidad clara, aunque flexible y revisable.
- Canales de comunicación abiertos y transparentes.
- Consciencia de interdependencia.
- Cultura de colaboración sinérgica.
- Procesos de autorganización alineados con los retos que plantea el entorno.

Estos procesos son los que desarrollaremos en los capítulos siguientes. Ahora nos centraremos en el último, la capacidad autorganizativa, es decir, la capacidad de un sistema (equipo, unidad, departamento o la organización entera) de revisarse a sí mismo y cambiar para conseguir un nuevo orden. Si la tendencia autorganizada es hacia el crecimiento, estaríamos hablando del «propósito evolutivo» de las organizaciones Teal descritas por Frederic Laloux.

En realidad, estamos construyendo las nuevas formas de gestión sobre los fundamentos de multitud de métodos, sistemas y técnicas que desde el último cuarto del siglo xx anticiparon los retos a los que ahora nos enfrentamos, en el bien entendido de que ahora se manifiestan de manera amplificada y general. Así, haremos bien en no olvidar el conocimiento que hemos ido acumulando sobre gestión del cambio, organizaciones inteligentes, innovación, mejora continua o gestión del conocimiento. Probablemente, todas estas aportaciones, con aciertos y limitaciones, eran intentos parciales de aprovechar el potencial de nuestras organizaciones para hacerlas más flexibles y adaptables.

Ahora se trata de integrarlas en un modelo de organización que no las visualice como artefactos técnicos restringidos a un ámbito (el conocimiento, el aprendizaje, la calidad), sino que las convierta en la esencia misma de la organización.

La responsabilidad de hacerlo debe incumbir a la mayoría de miembros de la organización de una manera efectiva. En otras palabras, una organización evolutiva implica una cultura que sustituye a la tradicional, presente aún en muchas organizaciones, y que se caracteriza por el control, la jerarquía y la obediencia. Ahora estamos hablando de orden, confianza y colaboración.

Una cultura incluye la forma de tomar las decisiones estratégicas. Andrew Thomas y Charlotte Roberts escribieron a finales del siglo xx: «Una alternativa es el concepto de estrategia como conversación, basado en la idea de que las organizaciones ya están pobladas por personas inteligentes y conscientes, empeñadas en la busca colectiva de significado en la dirección de la empresa» (2000, pág. 409). Cabe añadir que los miembros de la organización necesitan sentirse seguros para conversar estratégicamente, sobre todo si su rol en la organización no es considerado de nivel estratégico. Desde la inseguridad, las personas adoptamos conductas de sumisión o defensivas, no proactivas e implicadas.

Los mismos autores advierten que esas personas necesitan sentirse invitadas a participar en cinco actividades estratégicas clave:

- Exploración: recopilar información útil allá donde se produce y de la forma más ágil posible. Esto revaloriza el papel estratégico del personal periférico (delegaciones), el de atención al cliente o el comercial, por ejemplo.
- Pensamiento: la información recopilada debe favorecer procesos de reflexión para sacar conclusiones sobre qué debe ser revisado en las prácticas cotidianas de la organización. No tendría demasiado sentido que las personas que recopilan la información fueran excluidas de su análisis.

- Elección: una vez analizada la información, hay que tomar decisiones, y aquí los autores ya destacaban que las decisiones sobre asuntos imprevistos, nuevos o complejos desbordan la capacidad individual (de los mandos, por ejemplo), por lo que recomiendan un proceso de decisión como conversación, como veremos en el capítulo sobre inteligencia colectiva de este mismo libro.

- Planificación: el objetivo de planificar no es confeccionar un documento técnico que luego otros miembros tienen que cumplir. La planificación también es una conversación que puede abrirse a todo aquel que pueda verse afectado y que, por tanto, puede aportar ideas, expectativas o datos.

- Implantación: que no es un proceso mecánico de plan de acción, sino que implica la capacidad de ser revisado, de iniciar un nuevo proceso de exploración.

Pero aun cuando pongamos en marcha iniciativas así, como dice Peter Senge (2000, pág. 347), aparece otra dificultad: la de «lograr que la organización aprenda de sus propios miembros». Desde las primeras experiencias de las comunidades de aprendizaje en Xerox en los años ochenta, sabemos que las organizaciones generan anticuerpos ante ciertas ideas que cuestionan la estabilidad. Este fenómeno lo conocen bien los equipos de innovación o los grupos de mejora de la calidad. Una vez más, el papel del liderazgo será crear las condiciones de transparencia, comunicación, cultura orientada al aprendizaje y a la colaboración, y ofrecer reconocimiento y apoyo para que las iniciativas no se conviertan en experimentos que no pasan de la fase de prototipo. Y las condiciones se crean mediante procesos y sistemas, no solo con discursos.

Una mirada desde el aprendizaje organizacional

En un entorno VUCA, resulta obvio, la adaptación es clave, pero también la agilidad para llevarla a cabo. Y si necesitamos capacidad de adaptación ágil, debemos hablar de aprendizaje. Como escribió el consultor y profesor Arie de Geus (1999, pág. 63): «el asunto no es si una empresa debe aprender, sino si será capaz de hacerlo rápida y tempranamente».

Donald Schön, que para muchos es el verdadero padre de las teorías sobre el aprendizaje en las organizaciones, diferenció los problemas técnicos, que son aquellos ante los que los afectados tienen fines claros (la solución es técnica) y que deben ser abordados con la racionalidad técnica de la resolución de problemas, de aquellos en los que los fines son confusos.

En otras palabras, estaba diferenciando las situaciones complicadas de las complejas, y ante estas la respuesta no puede ser otra que la reflexión desde la acción de los propios agentes interpelados por la situación. La necesidad de crear espacios de diálogo vuelve a aparecer en el horizonte.

Estos espacios de diálogo deben crear las condiciones para que los participantes puedan explorar el ciclo del aprendizaje reflexivo, que, sintetizando los modelos más comunes, podemos diagramar tal como aparece en la figura 7.

Concienciar significa normalizar el hecho de cuestionar(se), hacerse preguntas sobre lo que hacemos y cómo lo hacemos, y sobre lo que no hacemos, pero deberíamos hacer. También implica una reflexión periódica sobre la valoración que hacen nuestros clientes (internos o externos) y nuestros *stakeholders* sobre nuestro trabajo. También significa escuchar a nuestros propios empleados.

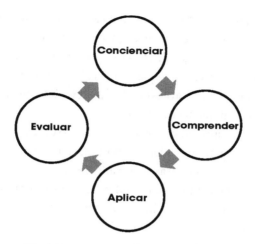

Figura 7. El ciclo del aprendizaje reflexivo

Comprender implica analizar las causas de las disfunciones, de las necesidades de cambio no satisfechas o de las oportunidades de mejora no aprovechadas, y diseñar planes de acción correctores, que, en situaciones muy complejas, serán de prueba-error.

La implementación y evaluación de los planes cierra el círculo. Si los cambios mejoran las prácticas actuales, se incorporarán a las rutinas de trabajo. Si no funcionan, se desecharán. En ambos casos, el círculo vuelve a ponerse en marcha.

Fredy Kofman (2001, pág. 105) nos advierte que el ser humano precisa de tres condiciones para actuar:

- Sentirse insatisfecho con la situación actual.
- Disponer de una visión de una situación más satisfactoria.
- Tener la expectativa de que tiene el poder para cambiar la situación.

Estas tres condiciones definen muy bien los requisitos de los espacios de diálogo para el aprendizaje y adaptación constantes: son espacios relacionales para dialogar desde la reflexión crítica, en los que se revisa y actualiza la visión y que son, en sí mismos, una muestra de empoderamiento de los profesionales, por ejemplo, mediante el uso de métodos de inteligencia colectiva.

La cultura organizacional puede promover o dificultar la reflexión desde la acción para aprender. Como especialmente Argyris[17] destacó, la mayoría de empresas generan defensas para evitar afrontar las necesidades de cambio. Estas defensas pueden ser muy diversas: como la queja improductiva, la culpabilización de terceros, la privacidad en la manifestación de la insatisfacción, la no responsabilización, entre muchas otras, pero, en cualquier caso, dificultan la adaptación rápida de las empresas a los retos de un entorno cambiante.

Para tener una organización abierta al aprendizaje deben garantizarse unos requisitos que lo hagan viable: en primer lugar, un clima de confianza y seguridad, ya que si las personas se sienten inseguras ante lo desconocido se refugiarán en lo conocido y encubrirán la necesidad de cambio. En segundo lugar, se necesita la responsabilidad colectiva hacia la identificación y el enfrentamiento de oportunidades de mejora. Finalmente, estos comportamientos deben ser reconocidos (Casado, 2001, págs. 132-133).

Si la organización da muestras de resistencia, los líderes deben actuar, y su herramienta básica es el *feedback*, eliminando los circui-

---

17. Los padres de las teorías del aprendizaje organizacional, también conocidas como de las organizaciones inteligentes, como Schön (1998), Argyris (1999) o Senge (1995), estudiaron profundamente las causas por las que el aprendizaje puede no ser tan fácil en las organizaciones. Recomendamos al lector su lectura para profundizar en estos temas.

tos que refuerzan positivamente la situación e inyectado información (*feedback* negativo) que ayude a la reflexión.

Es necesario abrir el sistema para que pueda recibir la información. Pero un sistema tolera una franja óptima de información; por exceso o por defecto, el sistema tendrá problemas. Nos referimos a que, por ejemplo, mantener desinformado al equipo sobre la pérdida de calidad del servicio prestado refuerza el inmovilismo, pero una avalancha de malas noticias también puede bloquearlo.

Una vez más, se trata de gestionar la estabilidad y el cambio mediante el *feedback*, alternando momentos de estabilidad para implementar y evaluar, con los momentos de reflexión, discrepancia e innovación que nos llevan al cambio. Gestionar el caorden significa evitar la rigidez del orden perpetuo, pero también el cambio por el cambio que puede resultar caótico.

Un factor crítico si hablamos de gestionar *feedback* es diferenciar la información de lo que los expertos en comunicación denominan «ruido». Ejemplos de ruido son las quejas, los rumores o las opiniones no fundamentadas. El líder debe intervenir ante el ruido y ayudar a que el equipo lo traduzca para convertirlo en información útil o para desecharlo. Este proceso es autorganizado y no puede ser impuesto por la dirección, que debe dedicarse a crear las condiciones óptimas para debatirlo.

Los líderes también deben recordar que el ruido en un nivel de complejidad puede ser información en un nivel superior: las descalificaciones o culpabilizaciones en el nivel relacional son ruido que conduce al conflicto, pero son información en el nivel de complejidad grupal, ya que permite al responsable del equipo visualizar y comprender la configuración relacional en la que se está estructurando el equipo.

En *La quinta disciplina* Senge consideraba que la mirada sistémica diferenciaba tres niveles de análisis y explicaciones de las situaciones complejas:

TIPO DE RESPUESTA	OBJETIVO DE LA EXPLICACIÓN	PREGUNTAS BÁSICAS
REACTIVA	Comprender los hechos.	¿Quién ha hecho qué, y con qué resultado?
REFLEXIVA	Identificar los patrones de conducta.	¿Qué tendencias hay bajo las conductas y qué consecuencias tendrán?
GENERATIVA	La estructura que provoca los patrones.	¿Qué causa los patrones de conducta?

Podemos observar la concordancia de este modelo con los tres niveles de complejidad que venimos utilizando en este libro, y por tanto podemos recordar que un problema complejo no puede abordarse en un nivel superficial. En terminología de las teorías del aprendizaje organizacional, estamos hablando del aprendizaje de doble vínculo que implica revisar las creencias y valores que subyacen a las situaciones que hay que mejorar.

No estamos hablando más que de la diferencia entre los síntomas conductuales y factuales más evidentes y las causas sistémicas y culturales más profundas. No siempre se puede intervenir al nivel más profundo por razones de tiempo, oportunidad o capacidad, pero al menos hay que tomar consciencia de cuándo estamos tratando con un antitérmico la fiebre sin abordar la enfermedad que subyace o, más aún, sin modificar los hábitos de salud que favorecen la aparición de la enfermedad.

En otras palabras, podemos operar a un nivel superficial identificando hechos y buscando corregir los hechos que no nos convienen. Este es un comportamiento reactivo, aunque a veces es el único posible, pero para abordar los procesos complejos debemos intentar abordarlos en el nivel de complejidad que corresponde, y como dice el mismo Senge: «la estructura genera conducta, y el cambio de estructuras subyacentes puede generar otros patrones de conducta» (1995, pág. 72)

En resumen:

- Los sistemas complejos son dinámicos, y por tanto no es suficiente un control de gestión constituido por una información periódica *a posteriori*, es necesario un seguimiento constante para monitorizar la evolución y la adaptación al entorno.
- Los sistemas de *feedback* deben mantener abierto el sistema si es necesario incrementar el ritmo de cambio, y cerrarlo cuando se busca una cierta estabilidad.
- Ya que no podemos definir con total concreción los objetivos finales, los procesos de cambio son, en realidad, procesos de aprendizaje; es decir, de ajuste permanente.
- Los procesos de cambio son, en buena medida, autorganizados: el liderazgo tiene como función crear las condiciones para que se produzca el aprendizaje y velar por el alineamiento con la misión, visión y estrategia de la organización; es decir, clarificando por qué se debe cambiar y para qué cambiar.

• La primera pregunta que hay que formular en los procesos de cambio es qué no hay que cambiar (lo que se decide conservar).

• Y recordemos que el mejor cambio es el cambio posible desde un pragmatismo ambicioso, pero realista.

Problemas complejos

En el mundo de las organizaciones, la creación de espacios de diálogo puede tener muchas finalidades, pero en muchos casos su utilidad se orienta a la definición de problemas y la toma de decisiones.

En un mundo complejo, los problemas acostumbran a ser complejos, y por tanto resistentes a los abordajes analíticos, de causa-efecto lineales, que funcionan a la perfección en el mundo más simple.

Henry Mintzberg, otro autor clásico, ya advertía que las decisiones que siguen la pura lógica debían verse acompañadas por las que siguen la intuición o las que surgen de las propias acciones, en lugar de precederlas (Mintzberg y Westley, 2001). Más recientemente, David Snowden y Mary Boone (2007) advirtieron que la toma de decisiones debía tener en cuenta el tipo de entorno en el que se producía. Así, en su esquema «Cynefin» diferenciaron cuatro tipos de entorno:

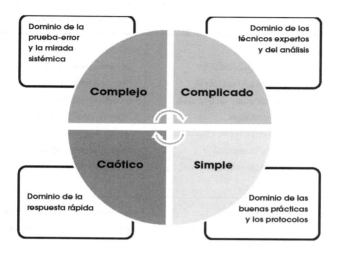

Figura 8. Modelo de toma de decisiones de Snowden y Boone

Si dejamos de lado los escenarios extremos (simple y caótico) y nos centramos en los dos intermedios veremos que presentan retos cualitativamente diferentes al directivo o directiva, que ante todo deben estar entrenados para diferenciar los problemas complicados de los complejos. Confundirlos no es un error menor, ya que la forma de enfrentar un escenario o el otro debe ser completamente distinta:

Escenario	Características	Respuestas adecuadas
COMPLICADO	• Estable. • Sujeto al análisis. • Causalidad lineal. • Opciones de decisión limitadas. • Verificación inmediata de la bondad de las soluciones.	• Métodos racionales del análisis de problemas. • Preponderancia de los conocimientos técnicos. • Método analítico de toma de decisiones. • Indicadores y objetivos de evaluación.
COMPLEJO	• Dinámico. • Exige una mirada sistémica. • El conocimiento acumulado puede no ser útil. • Causalidades circulares. • Opciones de decisión numerosas y ambiguas. • Resultados a medio plazo.	• No hay problemas a resolver, sino situaciones a gestionar. • Capacidad de síntesis. • Análisis de las interacciones y tendencias. • Trabajar con hipótesis provisionales. • La gestión como proceso de aprendizaje constante.

El mundo complejo es incierto por definición y nos enfrenta a la necesidad de reflexionar sobre nuestros procesos de toma de decisiones, que hoy sabemos que son en parte inconscientes, intuitivos y sujetos a sesgos cognitivos, como puede ser la aversión al riesgo. El método de la oscilación visto en el capítulo 3 es un buen camino para ello.

Todo ello nos conecta con la alternancia entre el orden y el desorden a la que alude Edgar Morin, y que en el mundo de los problemas a veces se manifiesta de una manera que calificaríamos de traviesa si no fuera por las dificultades que conlleva. Se trata de una consecuencia de una regla sistémica bien conocida: los problemas de hoy pueden derivar de las soluciones de ayer, debido a que las causas y los efectos en los sistemas complejos pueden estar distantes en el tiempo o en el espacio. Una vez más, debemos apelar aquí a la Escuela de Palo Alto, ya citada varias veces, cuando nos advertían que el problema se agrava a menudo cuando, ante su aparición, muchas veces la respuesta es «más de lo mismo», con lo que la solución no hace más que agravar el problema. Parece un absurdo, pero veremos que no lo es en el siguiente caso.

CASO: LA CENTRALIZACIÓN EN EDICIONES, S.A.

Ediciones, S.A., es una empresa de implantación nacional dedicada a la edición y distribución de libros. Dispone de ocho delegaciones comerciales, cada una de ellas con una unidad de gestión administrativa que tiene delegada la gestión de pedidos, la facturación, devoluciones y gestión de cobros e impagados. Cada zona tiene unas prácticas comerciales que surgen más de la historia y la relación de los comerciales con los clientes que de una política comercial corporativa. Ante esta situación, un nuevo director de administración decide unificar los criterios de política comercial y centralizar en la sede central de la compañía algunos trámites. Un nuevo programa informático y una detallada revisión de los procesos acompañan la nueva política.

A pesar de la racionalidad de la medida, esta genera malestar en algunas personas de las delegaciones, que alegan que puede provocar problemas con los clientes y también perder ventas, ya que les hace perder argumentación comercial. Además, consideran que la centralización hará más lentos los procesos. Ante esta situación, el director de administración acuerda con los cinco delegados comerciales que podrán mantenerse algunas condiciones excepcionales con algunos clientes importantes, pero que estas operaciones deberán ser aprobadas por la dirección corporativa de administración. Esta propuesta genera un conflicto con el director comercial corporativo, que considera que su colega en el comité de dirección se está inmiscuyendo en decisiones que son estrictamente comerciales. En todo caso debe ser él quien apruebe las operaciones y no administración.

No alargamos más la historia, que en realidad era mucho más compleja, ya que es suficiente para ver cómo la secuencia de problema-solución-problema es más habitual de lo que en principio pudiera parecer.

Estos ejemplos nos ponen de relieve que desde hace unos años el mundo racional y ordenado que aspirábamos a controlar ha ido adquiriendo tonalidades cada vez más difuminadas

En el mundo de la planificación social, se utilizó a partir de los años setenta la expresión *wicked problems* para referirse a los problemas complejos. Posteriormente, se generalizó el uso de esta expresión en el mundo de la gestión.[18]

Terry Irwin,[9] directora del Transition Design Institute de la Universidad Carnegie Mellon, señala que los *wicked problems* se caracterizan por:

- Están cambiando constantemente.
- Todo problema es único.
- No hay una definición clara del problema.

18. Horst W.J. Rittel, Melvin M. Webber (1973). «Dilemmas in a General Theory of Planning». *Policy Sciences*.
19. Conferencia dictada por Terry Irwin en el marco del Symposium Southern Perspectives on Transition Design, celebrado en Barcelona en junio de 2017.

- Son multicausales, multiescalares y están interconectados.
- Hay muchos actores interesados (*stakeholders*) con agendas confrontadas.
- Cada problema está conectado a otros problemas.
- Cada solución afecta a todo el sistema.
- Las soluciones no son buenas o malas, sino mejores o peores.
- Puede transcurrir mucho tiempo hasta que se puedan evaluar los efectos de las soluciones.
- Los problemas nunca se resuelven totalmente.

Jeff Conklin (2005), refiriéndose también a los *wicked problems* los diferencia de los problemas simples:

PROBLEMAS SIMPLES	PROBLEMAS «PERVERSOS»
1. Tienen un enunciado estable y bien definido.	1. El problema no se entiende hasta que se ha desarrollado una solución.
2. Tienen un punto de finalización definido cuando se llega a una solución.	2. Los problemas complejos no tienen un final definido.
3. La solución puede ser objetivamente evaluada como correcta o incorrecta.	3. Las soluciones a los problemas complejos no son correctas o incorrectas.
4. Pertenecen a una clase de problemas similares en la que todos pueden resolverse de manera similar.	4. Cada problema complejo es esencialmente único y novedoso.
5. Permiten soluciones que pueden ser fácilmente probadas y abandonadas.	5. Cada solución a un problema complejo es una solución puntual.
6. Ofrecen un conjunto limitado de alternativas.	6. Los problemas complejos no ofrecen soluciones alternativas evidentes.

Para este autor, la respuesta está en crear una comprensión colectiva del problema y un compromiso colectivo de las soluciones posibles. La comprensión compartida no significa unanimidad en la definición del problema, sino que las partes interesadas entiendan las posiciones de cada una lo suficientemente bien como para tener un diálogo inteligente sobre la interpretación del problema y la inteligencia colectiva sobre cómo resolverlo. En el capítulo dedicado a la inteligencia colectiva profundizaremos en este aspecto.

De una forma más informal y distendida, pero muy descriptiva, Carl Honoré[20] nos ofrece unas recomendaciones para afrontar los problemas complejos:

- Admitir los errores y aprender de ellos.
- Analizar las causas de lo que no funciona.
- Vigilar los pequeños detalles.
- Pensar a largo plazo.
- Mirada holística.
- Recopilar ideas en todas partes.
- Buscar colaboración.
- No fiarlo todo a la experiencia y los expertos.
- Pensar a solas y en equipo.
- Encontrar una figura que catalice la acción.
- Confiar en los que conocen el problema de cerca.
- Buscar soluciones jugando.
- Crear climas divertidos.

---

20. Carl Honoré que alcanzó la popularidad con su superventas *Elogio de la lentitud*, escribe estas recomendaciones en su libro de 2013 *La lentitud como método*, abogando por disponer de tiempo para enfrentar los problemas complejos y evitar las respuestas rápidas tan habituales en nuestro mundo orientado a la acción.

- Confiar en las intuiciones.
- Seguir el método de ensayo-error.
- Aceptar la incerteza.

En resumen, y a la luz de las características de los problemas complejos, parece sensato para abordarlos tener en mente algunas recomendaciones, empezando por diferenciar bien las situaciones simples, complicadas, complejas y caóticas, y decidir de una manera congruente con cada una de ellas.

Si las situaciones son complejas, hay que abordarlas:

- Con una mentalidad diferente: el objetivo no es solucionar los problemas, sino encaminarlos evolutivamente, facilitando la aparición de una nueva situación de orden.
- Aceptando la incerteza (no sabremos la bondad de nuestra respuesta *a priori*) y la caducidad de nuestros «éxitos»
- Revisando lo que entendemos por error: un error no es una equivocación, es una alternativa escogida que no se ha demostrado útil.
- Rebajando nuestra confianza en la experiencia y la especialización técnica y revalorizando la creatividad y la respuesta colectiva.
- Manteniendo una mirada sistémica y a medio plazo.
- Apelando al debate colectivo generador tanto para la comprensión de la situación como para la producción de alternativas. En la medida en que los problemas sean más complejos, más evidentes, es la necesidad de afrontarlos apelando a la inteligencia colectiva, como veremos en un capítulo posterior.

Indicadores para informar
sobre la tendencia evolutiva o involutiva

Como no puede ser de otro modo, los sistemas de control de gestión también deben adaptarse a las nuevas maneras de gestionar y, una vez más, no se trata de sustituir los sistemas tradicionales, sino de incorporar y añadir nuevas perspectivas de monitorización.

Por supuesto que el control presupuestario, los indicadores de eficiencia o el ROI de una inversión son fundamentales para guiar una nave empresarial, pero además necesitamos otras perspectivas de evaluación. Evaluar no es más que recoger información útil para la toma de decisiones, y hemos visto que hay informaciones que son imprescindibles para navegar en los entornos complejos que normalmente no se consideran en los sistemas de control tradicionales.

Necesitamos monitorizar las relaciones que pueden ser evolutivas o involutivas, la agilidad de los procesos, la capacidad de aprendizaje, la salud de la organización entendida como una red, y tantas otras cuestiones que se han desarrollado a lo largo de estas páginas y que son factores críticos de éxito en un entorno complejo. En pocas palabras, un control de gestión dinámico, tanto porque se centra en las tendencias como porque en sí mismo debe actualizarse constantemente.

Como dijeron Kaplan y Norton (autores de *El cuadro de mando integral*), lo que no puede ser medido no puede ser gestionado. Los indicadores construyen la realidad, y si queremos cambiar la manera de visualizar el liderazgo de las organizaciones, necesitamos cambiar los indicadores. Nada sorprendente si recordamos que hace unos años la calidad percibida por el cliente, o el ciudadano en los servicios públicos, no era evaluada permanente y rigurosamente y por tanto quedaba excluida de los criterios de decisión cotidianos, quedando relegada a las fases previas (estudios de mercado) o finales (departamento de control de calidad).

No podemos detallar aquí la confección de indicadores concretos sobre todos los aspectos que comprenden las funciones de liderazgo que estamos desarrollando, pero sí podemos apuntar algunas cuestiones generales que deben ser evaluadas para ganar eficacia, y también seguridad en las decisiones.

La capacidad de adaptación, y por tanto la flexibilidad interna, necesita indicadores de tendencia, y por tanto los indicadores clave son los de proceso, no los de resultado, que, como hemos visto, nos informarían de la situación en un momento dado de un sistema en constante cambio, con lo que la información será obsoleta en muy poco tiempo. En los sistemas complejos, los indicadores útiles no son los que constatan, sino los que identifican oportunidades de mejora.

Cada organización (o departamento) puede decidir cuáles son los factores que necesita hacer visibles. A modo de ejemplo podemos citar las siguientes tendencias que deberán concretarse en fenómenos y situaciones específicos y en indicadores que los describan lo más fielmente posible:

Proyectos de cambio

Los cambios, mejoras o innovaciones de una cierta entidad no se pueden aplicar sin más mediante decisiones de mejora continua y de adaptación constante. Por ello, para cambios identificados que tengan una cierta entiad, hay que pensar en estructurar el cambio en forma de proyecto.

La estructura de los proyectos de cambio, desde la planificación hasta la evaluación, con los instrumentos clásicos (esquema analítico, diagramas de flujo, diagramas de Gantt, diagramas de dependencias [PERT], Paretto, etc.) es de sobra conocida por el lector y ha probado su eficacia a lo largo de muchos años, pero resulta muy complicada y sobre todo lenta en procesos de adaptación constante.

Hace veinte años, el conocido consultor Tom Peters (2000) ya propuso un método «emprendedor» basado en las iniciativas de abajo arriba (*bottom-up*) y muy consciente de la importancia de lo que ahora llamamos *stakeholders*, a los que había que «vender» el proyecto. Peters diferenciaba cuatro etapas en un proyecto:

- Crear el proyecto: darle forma, convertirlo en algo que marque la diferencia, desde la curiosidad y la observación.
- Vender: convencer a los otros de la bondad del proyecto, hay que atraer a quienes pueden oponerse, viéndolos como clientes que deben entusiasmarse con el proyecto. Primero, captar su atención; después, tener éxitos prácticos y rápidos. Un proyecto asombroso es una narración, una aventura.
- Ejecutar: puesta en práctica, más basada en la prueba y el error que en grandes planificaciones. El equipo de proyecto no puede ser homogéneo. Hay que desarrollar prototipos enseguida, hacer reuniones de quince minutos para el seguimiento cada día, celebrar los éxitos, no perder nunca de vista a los usuarios…
- Salida: entregar el proyecto a la empresa y que esta lo haga suyo, buscar al continuador, que tenga la misma pasión por el proyecto, para que lo gestione, escriba la historia del proyecto y organice una celebración.

Desde entonces el aumento del ritmo de cambio necesario y de la complejidad ha propiciado la aparición de diversos métodos, bien conocidos, como los «métodos *agile*» (Kanban, Scrum),[21] surgidos

---

21. Un excelente resumen de estos métodos puede consultarse en Mussons (2020), capítulo 5.

del mundo del software y que buscan ante todo ser ágiles, estar muy focalizados y ser flexibles y autorganizados, aunque, y puede parecer una paradoja, están muy pautados.

Por ejemplo, el método Scrum busca:

- Definir claramente los objetivos.
- Programar en etapas las tareas que se han de realizar, con plazos claros y breves (una o dos semanas).
- Adaptar constantemente el proceso a las necesidades del usuario.

Los objetivos surgen de las denominadas «historias de usuarios» que el representante de los usuarios o *stakeholders* (*product owner* o propietario del producto) categoriza y prioriza. Esta persona es un representante de los usuarios o clientes, pero no puede discutir técnicamente el proyecto. La categorización de tareas se recoge en un documento de proyecto (*product backlog*) que incorpora los requerimientos y restricciones de las respuestas que se quieren obtener.

El equipo de desarrollo es autorganizado, pero tiene un facilitador (*scrum master*) que debe ayudar al equipo a desarrollar su tarea, que se organiza en forma de etapas (*sprints*) en las que deben realizar las tareas descritas en el documento *product backlog*. Se hacen reuniones de planificación de cada *sprint*, otras (muy breves) diarias de seguimiento y una retrospectiva después de cada etapa para evaluar los resultados.

Otro método profusamente utilizado es el modelo de «transformación en 90 días» de Behnam Tabrizi (2019), de la Universidad de Stanford, diseñado a partir de lo que el autor llama los factores críticos de éxito en los procesos de transformación que él estudió en numerosas empresas, y en el que nos vamos a detener un poco.

El método tiene cinco fases:

- Pretransformación: los líderes del proyecto convencen al resto de la organización de la necesidad de cambio y se crean los equipos interdepartamentales de «respuesta rápida».
- Diagnóstico: los equipos de respuesta rápida son asignados en paralelo a las principales funciones de la organización para efectuar un diagnóstico de problemas. Esta fase dura 30 días.
- Visión: los equipos desarrollan una visión de futuro para corregir los problemas detectados y se concretan los objetivos de cambio. Esta fase dura 30 días.
- Plan de implementación: diseño del plan de acción, nueva estructura y plan de comunicación del proyecto. Esta fase dura 30 días
- Implementación: los equipos de «respuesta rápida» se disuelven y se ocupan de mantener la energía del proyecto durante la implementación. Es toda la organización la que se encarga de ella, no los equipos. Esta fase durará en función de la ambición de los cambios.

Puede parecer un método clásico de gestión de proyectos, pero tiene algunas características diferenciales que conviene destacar: la mirada global (se revisan todas las funciones y en la implementación participan todos los departamentos), el límite temporal (noventa días) para las tres fases intermedias, el diseño de cada fase, que está totalmente pautado y es igual para todos los equipos, y finalmente el hecho de que los miembros de los equipos mantienen sus responsabilidades habituales, además de participar en el equipo.

Será cada organización la que deberá decidir qué modelo de

gestión de proyectos le conviene más, pero en cualquier caso lo que no hay que olvidar es que, en una organización evolutiva que se va adaptando constantemente al entorno, la mayoría de cambios se producen en el día a día de la organización, y solo los cambios realmente disruptivos necesitan estructurarse en forma de proyecto, que deja de ser «el método» de gestión del cambio, para convertirse en uno de los métodos de gestión del cambio.[22]

Quince ítems para la reflexión

A continuación, se proponen quince afirmaciones sobre los conceptos discutidos en el capítulo para que el lector pueda reflexionar sobre su propia organización. No son respuestas en clave sí/no, sino más bien estímulos para el debate

FACTORES	A MENUDO	A VECES	RARAMENTE
Reflexionamos sobre nuestros objetivos, procesos, productos o servicios, aun cuando los resultados son buenos.			

22. Sobre proyectos de alta complejidad también puede consultarse el libro de Barceló y Guillot (2013) en el que se proponen 10 factores básicos de gestión y se comentan aplicados al proyecto de transformación urbanística del distrito 22@ realizado en Barcelona.

FACTORES	A MENUDO	A VECES	RARAMENTE
Consideramos permanentemente las opiniones de nuestros clientes sobre nuestra calidad.			
Nos interesan las opiniones de nuestros empleados «periféricos» (nuevos, jóvenes, *front-line*, delegaciones).			
Nuestro sistema de control de gestión nos informa, además de los resultados, sobre el funcionamiento de nuestros procesos y las tendencias del sistema.			
Cuando aparece un problema se plantea transparentemente.			
En la definición de los problemas se promueven las visiones distintas para debatirlas.			
Las innovaciones (procesos, sistemas internos de gestión, productos o servicios) se implantan realmente.			
Los errores se aprovechan como oportunidad de aprendizaje.			
Los empleados se sienten orientados a reflexionar sobre su trabajo.			

FACTORES	A MENUDO	A VECES	RARAMENTE
Disponemos de canales y foros explícitos para compartir conocimiento.			
Disponemos de sistemas de *benchmarking*.			
Sabemos sobre qué necesitamos aprender.			
Entendemos la planificación como un proceso de aprendizaje.			
Acostumbramos a planificar pensando en escenarios alternativos.			
Aceptamos que hay problemas con varias soluciones posibles *a priori*.			

7. Gestionar una red: la vinculación del equipo y de los *stakeholders*

Lo expuesto en los capítulos anteriores tiene sus implicaciones en el ejercicio del liderazgo de personas, que cada vez menos seguirá una lógica «de organigrama» y cada vez más deberá orientarse a conseguir la influencia necesaria en una trama compleja en red. Es decir, que gestionar la dinámica entre estabilidad y cambio tiene más de gestión de un ecosistema relacional que de diseño de despacho.

La gestión relacional es el tema protagonista del próximo capítulo, y ahora exploraremos una condición necesaria previa: para gestionar eficazmente las relaciones, las personas que las protagonizan deben sentirse implicadas con la organización. En otras palabras, se deben sentir vinculadas las unas con las otras y con el proyecto que tiene la organización. Por ello, para que pueda existir una buena gestión relacional, primero debemos conseguir un nivel de vinculación mínimo. El objetivo de la gestión relacional no es tener buenas relaciones, sino tener buenas relaciones al servicio de un proyecto colectivo.

Los vínculos son relaciones estructuradas (situación de orden). Una red formada por relaciones imprevisibles y mutantes constantemente es ingobernable (situación de desorden), y si además es duradera, convierte la red en caótica. En los dos casos, orden o desorden, los procesos son en buena parte autorganizados, y nos debemos preguntar dónde está la capacidad de influencia del liderazgo para generar un orden que permita dar respuesta a la complejidad del entorno, fundamentalmente ante tres retos:

- Alinear la diversidad de perspectivas y puntos de vista para conseguir dinamizar procesos de aprendizaje, en lugar de la obediencia como respuesta.
- Aflorar liderazgos compartidos, en lugar de la reactividad, la pasividad o el absentismo mental.
- Construir una cultura colaborativa, en lugar del individualismo, la competitividad o la queja.

La vinculación que exigen estos retos es una actitud de implicación y compromiso con la tarea, con los compañeros y jefes, con los *stakeholders* y clientes, y también con la propia organización expresada en su misión y estrategia. Obviamente es una actitud compleja que incluye aspectos motivacionales y que solo se puede cimentar sobre un contrato emocional satisfactorio con la propia organización.[23]

Antes de presentar un modelo específico para gestionar la vinculación de los miembros de un equipo, revisaremos lo que podríamos llamar las condiciones mínimas necesarias para ello.

---

23. Para profundizar el tema de la motivación, recomendamos el modelo de Santiago de Quijano y José Navarro Cid (1998), en el que los autores integran diversas teorías y que incluye factores como las necesidades activadas, la posibilidad de instrumentalizar la tarea, la percepción de autoeficacia, la equidad, la consciencia y responsabilidad sobre los resultados y el significado de la tarea. Para revisar el concepto de contrato psicológico o emocional, puede consultarse Casado (2001, pág. 158), especialmente la idea de la presencia del pasado, presente y futuro en la configuración del contrato.

Clima emocional sano

Hace más de cincuenta años, Abraham Maslow ya nos advertía que la ansiedad mata la curiosidad y la investigación, que son condiciones básicas para la implicación y la corresponsabilidad (1973, pág. 105). Maslow se refería a los individuos, pero podemos generalizar la idea y aplicarla a los equipos ya que las emociones individuales pueden agregarse en un índice de emociones compartidas (clima emocional) y el clima emocional tiene valor predictivo sobre la conducta colectiva (Tran, Páez y Sánchez, 2012).[24]

No podemos considerar las emociones como un objetivo directo (psicoterapéutico) para la gestión en un entorno laboral, pero los líderes pueden incidir en los relatos compartidos que se construyen en los equipos, y que tienen un papel importante en la generación de climas emocionales sanos o no.

Cualquier relato se forma a partir de unos protagonistas que tienen unas finalidades, que presentan dificultades en su consecución. Ante las dificultades, los protagonistas reaccionan de determinada manera y ensayan determinadas soluciones. Y todo ello en un entorno descrito con tonalidades más o menos amistosas. Intervenir en las conversaciones de los miembros del equipo cuando el relato que se está construyendo no es proactivo y esperanzador es una buena oportunidad para orientar al equipo hacia climas emocionales favorables.[25]

---

24. Así, por ejemplo, siguiendo las categories de Scherer, las emociones positivas de enfoque (esperanza, interés, sorpresa) son un predictor de mejores procesos de toma de decisiones y las emociones negativas de antagonismo (envidia, asco, menosprecio, rabia) son un predictor de peores procesos de toma de decisiones. Las emociones positivas de logro (orgullo, alegría, satisfacción) y las emociones negativas de renuncia (tristeza, miedo, vergüenza, culpa) no son buenas predictoras

25. Puede ampliarse el tema de los relatos (*storytelling*) en el artículo de Casado (2008).

Corresponsabilidad

En el apartado anterior ya quedaron manifiestas las limitaciones a la gestión de la vinculación. Como argumenta Sánchez (2008), hay factores no gestionables por la organización ya que surgen de características de personalidad, del momento vital de la persona o de las circunstancias personales. Este autor acaba por proponer que la política de selección es la única que puede aportar respuestas ante estos factores.

Por ello es importante visualizar la vinculación como un objetivo basado en la corresponsabilidad entre la organización (los directivos y directivas) y los miembros de la misma. Mihály Csíkszentmihályi en su superventas *Fluir* (*Flow*) estudió las causas del descontento de los trabajadores estadounidenses con sus trabajos. Las conclusiones hablaban de la falta de variedad y desafíos, conflictos con los compañeros y jefes y estar quemados por exceso de tensión y agendas agobiantes. Según el autor, los trabajos deberían asemejarse al máximo a las experiencias de flujo, pero también debe ayudarse a los trabajadores a tener personalidades «autotélicas»,[26] es decir, corresponsables en convertir las tareas y puestos de trabajo en lugares con oportunidades de desarrollo y flujo.

El biólogo David Bueno (2020), basándose en la reciente investigación neuropsicológica, destaca las ventajas de las actitudes de persistencia sobre las actitudes de resistencia para enfrentarse a la incertidumbre. La persistencia se fundamenta en la curiosidad, el optimismo, la motivación, y también en la capacidad de reflexión crítica. De ella surgen respuestas proactivas contrarias a las de resistencia, que son reactivas y surgen del miedo.

---

26. Un concepto muy parecido a las actividades descritas en el Karma Yoga de la oscilación 2 del capítulo anterior.

Siendo realistas ello no será posible con todas las personas, por lo que un objetivo sensato es disponer de la masa crítica necesaria de profesionales corresponsabilizados en su vinculación y asumir que habrá una parte del equipo que cumplirá, sin más, con las tareas encomendadas.

Focalización en los factores gestionables

Como hemos dicho antes, la vinculación afecta a todos los elementos de la red organizacional, y por tanto estamos hablando de la construcción de vínculos en un sistema complejo. Además, como se ha comentado, hay factores externos a la organización fuera del alcance de la gestión.

Por un principio de realismo básico conviene pues seleccionar y focalizar la capacidad de gestión en algunos factores, aunque en algunos casos la incidencia final en la vinculación pueda ser limitada o variable.

Existe un consenso entre los grandes iniciadores del liderazgo moderno, como Peter Drucker o Warren Bennis, en que la base del liderazgo, es decir, de la implicación de las personas en un proyecto, está en construir una comunidad basada en la confianza y el respeto que se mantenga unida por una misión compartida. La investigación más reciente confirma estos postulados y nos refiere a la necesidad de ocuparse de la propia comunidad, de la tarea y las necesidades de las personas. Así, factores como la dificultad de la tarea, las relaciones, la comunicación, el desarrollo profesional o el reconocimiento se suman a temas como las condiciones laborales o la imagen de la propia organización.

En el apartado siguiente se propondrá un modelo que focaliza en cinco factores la gestión de la vinculación en aquellos aspectos en los que el mando puede tener un cierto margen de maniobra.

La vinculación del equipo

El modelo que presentamos a continuación incluye un factor que contribuye a la generación de la comunidad (pertenencia), dos que refieren a los objetivos y tarea (adecuación del nivel de reto y aportación de valor) y, finalmente, dos más que afectan a aspectos más individuales (visibilidad y reconocimiento).

En realidad, no son factores absolutamente independientes, y está claro que el nivel de reto y la aportación de valor están relacionados, o esta última y el reconocimiento también, pero nuestro objetivo es ofrecer un mapa para la acción útil en la gestión, no una radiografía de los vínculos con vocación científica.

Otra consideración previa es que cada factor será más o menos importante en función de las expectativas y motivaciones de cada persona. Por poner dos ejemplos: el sentimiento de pertenencia será un factor especialmente importante para las personas con más orientación hacia la motivación de afiliación, según el modelo de David Mc Clelland, y la aportación de valor lo será para aquellas más orientadas al logro. Es función de los responsables del equipo adaptar su plan de acción según las peculiaridades de sus miembros.

Figura 9. Los cinco factores de vinculación

Pertenencia

El sentimiento de pertenencia implica la identificación con la misión, visión y los valores de la organización, y para ello deben ser congruentes con el propósito personal y valores individuales. También se caracteriza por unas relaciones de confianza, y de colaboración entre los miembros del equipo. Es un sentimiento que se materializa en la expresión «nosotros» desde la consciencia de que aquel equipo es un lugar en el que vale la pena estar y trabajar.

Es importante aunar un buen clima relacional con la tarea a través de la misión y la visión, de otro modo se podría crear un oasis de bienestar relacional, pero inoperante para los resultados.

También conviene no olvidar que ciertas decisiones de recursos humanos no facilitan precisamente el sentimiento de pertenencia, y nos estamos refiriendo a la temporalidad de los contratos, las regulaciones de empleo frecuentes o la externalización de funciones y tareas que no son periféricas para la organización.

Precisamente en el caso de externalización de parte de los procesos, es fundamental considerar la vinculación al proyecto como un elemento de gestión, aunque parte del equipo sea miembro de otra empresa: el compromiso con un proyecto surge de la suma del propósito propio más el sentimiento de comunidad. En los últimos años las externalizaciones están a la orden del día, en muchas ocasiones gracias a las posibilidades de la tecnología digital, como es el caso de la aplicación Task Rabbit, que en un principio era una oferta de lampistas, carpinteros, jardineros y otros oficios que prestan servicios a los hogares, pero que fue comprada por la multinacional Ikea como servicio de montaje de sus productos. Tenemos, pues, a profesionales autónomos, agrupados en una plataforma digital trabajando, aunque no en exclusiva, para una empresa multinacional. En ocasiones, gestionar la pertenencia no admite respuestas del pasado.

Visibilidad

Pero la pertenencia no anula la individualidad (excepto en casos límite como puede ser una secta). Las personas necesitan también ver respetada su individualidad, y ello implica ser visible para los demás y ser conocido (diferenciado). En todas las organizaciones hay profesionales invisibles, quizás a algunos les vaya bien esa discreción, pero la mayoría de personas preferirían ser conocidas por su nombre en el ascensor, y no solo, con suerte, ser identificadas como empleadas de la tercera planta.

En el campo de las oportunidades de gestión, ello nos lleva a la importancia de personalizar los encargos, definir bien los roles y facilitar que las personas los personalicen, una buena comunicación interna sobre dichos roles, y la posibilidad de que cualquier persona de un equipo pueda ser su representante en la organización mediante la participación en proyectos transversales o siendo la persona de referencia para determinados temas.

En el otro extremo encontramos las ideas que promueven los «emprendedores internos», que en muchos casos están más preocupados de su «marca personal» que del proyecto colectivo. En este caso, la visibilidad puede acabar con la cohesión.

Adecuación del nivel de reto

En entornos estables y predecibles se pueden planificar los procesos de respuesta, pero los entornos inciertos y complejos por definición presentan retos nuevos e imprevistos que no pueden planificarse fácilmente. Por ello, la vivencia de los profesionales ante esta incertidumbre es fundamental para facilitar la vinculación.

Si dicha vivencia es de sentirse desbordados constantemente por las situaciones, sea por falta de recursos (personal, tiempo, tecnología, conocimiento), el riesgo de estrés es muy alto, y la mirada se dirigirá entonces hacia la propia organización como culpable. En una situación así solo una fuerte vinculación a la tarea (vocación) o las dificultades para encontrar empleos alternativos pueden mantener mínimamente la vinculación, como mal menor.

La gestión aquí se centrará en la adecuación de las capacidades de la organización a los retos del entorno, y en la creación de una cultura orientada al aprendizaje con un abordaje inteligente de los errores.

No hay respuestas milagrosas, especialmente cuando el desfase entre recursos y retos es muy grande cuantitativamente. Pero incluso en ese caso es mejor organizar un plan de acción que permitir que la tormenta arrase la resistencia del equipo. Ese plan de acción incluirá decisiones como la optimización de los procesos, el abandono de tareas superfluas, las decisiones sobre rebajas en la calidad de servicio, la externalización de tareas, etc., que si bien no solucionan los problemas permiten mantener una actitud proactiva frente a los problemas.

No podemos dejar de comentar la situación contraria, cuando el nivel de reto es inferior a la capacidad de respuesta. Por ser menos frecuente no hay que pensar que sus efectos no son negativos, en este caso en forma de apatía, rutina y pasividad. En este factor encontramos la relación directa entre la dinámica estabilidad-cambio y las capacidades del equipo.

Aportación de valor

Los profesionales quieren ser útiles, que su trabajo tenga sentido y que aporte valor a los clientes o usuarios. Solo las personas con un contrato emocional truncado o en pleno proceso de *burn-out* dudan ante esta cuestión.

Ante un entorno cambiante las repuestas también lo son y, por tanto, la aportación de valor no interpela solo a los conocimientos, habilidades y experiencia, sino también a la iniciativa, creatividad y capacidad de innovación.

En una organización de liderazgo compartido debe fomentarse esta iniciativa y la función de los mandos será conocer las aportaciones, ocuparse en alinearlas con la visión y estrategia de la organización y facilitar la implementación de nuevos proyectos. También facilitar políticas de desarrollo que permitan aumentar las potencialidades del equipo y dar un *feedback* constructivo a los participantes en los proyectos.

Está claro que en la mayoría de equipos también hay profesionales que esperan instrucciones para actuar y consideran que cumplir con el encargo debe ser su aportación. El potencial de los profesionales en realidad es el potencial que ellos están dispuestos a reconocerse y a aportar, y si se les permite hacerlo así, seguramente su vinculación será más que suficiente.

También, es obvio, hay tareas que permiten mucha discrecionalidad, y otras que están muy delimitadas. En las primeras, el valor tiene que ver con la iniciativa y la flexibilidad; en las segundas, con la fiabilidad y el rigor.

Reconocimiento

Finalmente llegamos al reconocimiento como factor final de vinculación. Si facilitamos la aportación de valor, pero no existen formas (tangibles o intangibles) de reconocimiento por esa aportación los profesionales se sentirán utilizados por su organización y perderán la satisfacción de aportar valor a un proyecto por el que vale la pena esforzarse.

Si hablamos de reconocimiento es importante preguntarse el qué y el quién. El «qué» se reconoce ha de ser la aportación de valor, por supuesto, pero también las contribuciones que un miembro del equipo puede estar ofreciendo en formas diversas que no tienen, aparentemente, relación con el producto o servicio final. Nos estamos refiriendo a aportaciones tan diversas como la iniciativa, la cooperación, la disponibilidad, el buen humor, la capacidad de mantener la calma en momentos de presión, la capacidad de mediación en relaciones tensas o el inconformismo, la curiosidad y la creatividad.

Al hablar del «quién», nos estamos refiriendo al debate sobre el reconocimiento individual y el reconocimiento colectivo. En nuestra experiencia, si queremos fomentar la visión global y la mentalidad de equipo, es importante el reconocimiento colectivo, a partir de la visualización de la interdependencia para obtener buenos resultados. Ello no excluye el *feedback* individual, al igual que la pertenencia no excluye la necesidad de ser visible. Óptimamente, además, el emisor del reconocimiento individual no debería ser exclusivamente el superior jerárquico, sino que la creación de una cultura del reconocimiento cruzado es una de las mejores vías para ayudar a las personas a ser más autónomas y proactivas.

La gestión de los *stakeholders*

La palabra *stakeholder* que traducimos habitualmente como «parte o actor interesado» se refiere a aquellas personas, grupos, o entidades que pueden verse afectadas por nuestro trabajo y que, a su vez, pueden influir en él. Desde la perspectiva sistémica con la que estamos observando la organización en términos de red, podríamos afirmar que todos los elementos de la red entran en esta definición, y también los clientes, usuarios del servicio, proveedores o administraciones públicas, que, si bien forman parte del entorno, pueden tener mucho que decir en nuestro trabajo cotidiano.

Desde un punto de vista muy operativo, hemos excluido dos grupos de actores que entran de pleno en la definición, pero a los que por su especificidad e importancia preferimos otorgar un estatus especial. Nos referimos a los miembros del propio equipo y a los clientes de la empresa o a la ciudadanía en el caso de la administración pública. En ambos casos creemos que la consideración de *stakeholder* empobrece el papel primordial que deben ocupar ambos en la gestión: el equipo como ejecutor primordial de la estrategia de la organización, y los clientes o usuarios como razón de ser de los productos o servicios de la organización. Sin equipo no hay organización y sin clientes o ciudadanos la organización no tiene sentido.

Tener en cuenta los *stakeholders* en la gestión diaria significa considerar sus expectativas y necesidades en la toma de decisiones, y también establecer vías de colaboración para aprovechar sus capacidades y recursos en la gestión de los objetivos.

No es un planteamiento nuevo y los sistemas de coordinación, la cadena de servicio interno o los proyectos transversales son instrumentos de gestión que apuntan en esa dirección. Más recientemente podemos hablar del método *design thinking* o de la figura del *product owner* en el método Scrum como formas de implicar a los *stakeholders* en el diseño o ejecución de nuestros productos o servicios. La diferencia, en relación con hace unos años, es que ahora este planteamiento es fundamental para el buen funcionamiento de una red. De otra forma las tensiones, malentendidos y descoordinaciones estarán a la orden del día.

Para gestionar los *stakeholders* hay que seguir tres pasos que son, casi, de sentido común:

1. Identificarlos: saber quiénes son, tanto los internos a la propia organización, como los externos. La experiencia dice que son más de los que se piensa en un primer momento. También implica verificar el grado de conocimiento que se tiene sobre sus expectativas y necesidades, así como de los recursos que podrían aportar.

2. Categorizarlos: afortunadamente, no todos tienen la misma trascendencia para la consecución de los objetivos. Podemos utilizar el esquema siguiente para diferenciarlos a partir de dos variables de categorización: la capacidad de influencia y el poder de decisión sobre el área de responsabilidad, por un lado, y la proximidad y conocimiento sobre las actividades, de otro:

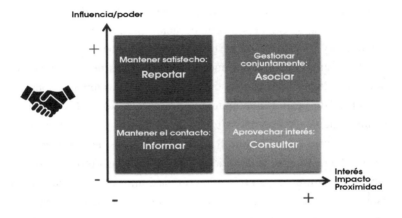

Figura 10. Categorización de los *stakeholders*

Los *stakeholders* de baja capacidad de influencia e interés en las tareas de la unidad merecen la atención desde el momento en que los consideramos como tales, pero no son fundamentales y, por tanto, bastará con mantenerlos informados sobre los proyectos y actividades. Mayor trascendencia tienen las dos categorías intermedias.

Los *stakeholders* de alto poder (aunque no tengan demasiado interés en la tarea) deben tener la oportunidad de validar los proyectos para evitar que por algún motivo se sientan excluidos y reaccionen bloqueando el proyecto. Por su escaso interés, en la mayoría de los casos la validación será casi rutinaria. Caso contrario es el de los *stakeholders* con alto interés y que pueden aportar ideas y recursos para mejorar el proyecto o decisión, aunque no pueden entorpecerlo. La consulta es la conducta para evitar perder sus aportaciones.

Finalmente llegamos a la categoría clave: conocen las tareas, tienen recursos que pueden ser necesarios y tienen el poder para facilitar o bloquear cualquier proyecto. Un ejemplo típico es el principal ejecutivo de nuestra división, área o departamento. Si nosotros ocupamos una de esas posiciones, nos referimos a la dirección general o el consejo de administración. En el caso de la administración pública, estamos refiriéndonos a la alta dirección ejecutiva o el nivel político de decisión. Aquí la gestión debe orientarse a ganar su complicidad, gestionar de forma muy cercana y buscar que esa persona se convierta en «socia» del proyecto, muchas veces en forma de patrocinador.

3. Diseñar planes de gestión relacional: la gestión de las relaciones con los *stakeholders* depende del tipo de relación buscado según la categoría y del estado actual de la relación. Muchas veces, la experiencia es clara al respecto, las relaciones más constantes las tenemos con *stakeholders* no prioritarios, aunque muy cercanos, y en cambio tenemos olvidados a los realmente cruciales.

Existen cuatro grandes objetivos relacionales: 1) mantener una relación, 2) crear una relación que ahora es inexistente o muy esporádica, 3) fortalecer una relación que es demasiado débil o 4) regenerar una relación que se ha roto o al menos perjudicado, en el pasado. En el capítulo siguiente se verán algunas técnicas relacionales que pueden ser útiles.

Por el momento propondremos como ejemplo un esquema para una conversación de mantenimiento de una relación que es fluida, aunque haya tenido algunas dificultades que no dejan de ser lógicas con el paso del tiempo. Para ello seguimos un modelo de Scharmer y Käufer (2015, pág. 227):

- En su trabajo, ¿cuáles son sus objetivos y cuál es mi contribución?
- ¿Puede darme un ejemplo en el que mi contribución le haya sido útil?
- ¿Qué criterios utiliza para decidir si mi contribución a su trabajo ha sido satisfactoria?
- ¿Qué dos cosas podría cambiar en mi trabajo que resultarían de valor para usted?
- ¿Qué problemas han dificultado, en el pasado, que pudiéramos trabajar bien juntos?
- ¿Cuál es su visión sobre una buena colaboración futura entre nosotros?
- ¿Cuál podría ser un primer paso práctico que fuera en esta dirección?

Quince ítems para la reflexión

A continuación, se proponen quince afirmaciones sobre los conceptos discutidos en el capítulo para que el lector pueda reflexionar sobre su propia organización. No son respuestas en clave sí/no, sino más bien estímulos para el debate

FACTORES	A MENUDO	A VECES	RARAMENTE
Los miembros de mi equipo están orgullosos de pertenecer a él.			
Las relaciones entre los miembros del equipo son de cooperación.			
Fomentamos el conocimiento de las funciones y habilidades de cada miembro del equipo dentro y fuera de la unidad.			
La sensación del equipo es la de sentirse desbordado por el trabajo.			
La sensación del equipo es de rutina y poca activación.			
Cada profesional puede aportar sus capacidades e ideas.			
Las iniciativas e innovaciones se implementan.			
Los errores son analizados para aprender de ellos.			
Los profesionales se sienten reconocidos por sus resultados.			

FACTORES	A MENUDO	A VECES	RARAMENTE
Los profesionales se sienten valorados aun cuando los resultados no son óptimos.			
Tenemos identificados a los *stakeholders* más importantes.			
Conocemos las expectativas de los *stakeholders* más importantes.			
Mantenemos conversaciones periódicamente con nuestros *stakeholders* más importantes.			
Es normal llegar a acuerdos negociados con personas ajenas a la unidad que afectan a nuestro trabajo.			
Periódicamente, como responsable de la unidad, la observo en su globalidad como una red y me focalizo en las interacciones que la forman.			

8. Crear espacios de diálogo

Las dos funciones superiores del pentágono evolutivo que presentamos en el capítulo 4 permiten al directivo/a gestionar la dinámica entre el orden y el cambio. En el capítulo anterior hemos desarrollado la primera función de gestión (gestionar una red), que permite al directivo o directiva generar implicación y conseguir no ser la única fuente de energía y de ideas, mediante la creación de vínculos que incluyen al equipo y a los actores interesados (de la propia organización o externos a ella).

Pero esta vinculación no será eterna, y los desencuentros, pérdidas de rumbo, discrepancias y momentos de bloqueo no se harán esperar. Para gestionar eficazmente estas incidencias, veremos el papel primordial que tiene disponer de espacios de diálogo para abordar todas estas cuestiones. La dirección exitosa en entornos complejos tiene mucho que ver con la capacidad de manejar las propias relaciones de una manera sana y evolutiva, y también de convertirse en un impulsor relacional para el equipo y el resto de la organización.

La gestión relacional desde la mirada de la complejidad

La gestión relacional hace años que ha entrado con fuerza a formar parte de las competencias directivas, ampliando las clásicas técnicas de comunicación (asertividad, escucha, pregunta, *feedback*, etc.) hacia modelos de gestión relacional y emocional. Todos estos modelos contienen aportaciones valiosas y son habilidades básicas sin las que ningún método relacional puede funcionar.

En un mundo complicado, el objetivo es una buena comunicación, pero en el mundo complejo esto no es suficiente. Necesitamos construir relatos compartidos.

Por ello, en un sistema complejo, como es una organización, el objetivo final de la gestión relacional es la generación de espacios de diálogo, no por una loable intención participativa, sino porque, ante entornos y retos complejos, solo la respuesta colectiva puede contener una mirada suficientemente compleja y eficaz. La realidad es como un puzle formado por muchas piezas y, recordemos, si el entorno es más complejo, debemos aumentar la complejidad interna si no queremos vernos arrollados por problemas que no entendemos.

Los espacios de diálogo son momentos en los que una serie de personas tienen interés en comprender, deliberar, decidir o prever algo. No sigue la lógica de las reuniones de equipo o interdepartamentales con objetivos cerrados (planificación, resolución de problemas, coordinación, etc.), sino que son los nódulos que configuran las estructuras flexibles, redes ágiles y dinámicas que aprovechan al máximo los recursos intangibles de la empresa, como son el conocimiento, la capacidad de innovación o la capacidad de llegar a acuerdos para trabajar alineados hacia un objetivo.

La mayoría de organizaciones actuales tiene estructuras en forma de organigrama, poco flexibles, pero ello no les impide poder ser organizaciones inteligentes que puedan crear espacios o momentos de diálogo siempre que la complejidad del momento o la situación amenace con desbordar la capacidad de la estructura formal. Estamos hablando de las estructuras flexibles temporales a las que nos referíamos en el capítulo 5, pero, y esto es fundamental, explícitas, no ocultas. Si se quiere, podemos visualizarlo como equipos autónomos de microproyectos.

Además de las limitaciones que puede suponer una estructura burocrática, jerárquica y divisional tradicional, existen otras variables que pueden facilitar o dificultar la creación de los espacios de diálogo, y estas surgen del propio carácter de sistema complejo con el que estamos aproximándonos a las organizaciones. Desde esta mirada sería un reduccionismo peligroso considerar que la creación de espacios de diálogo, solo necesita la voluntad del líder de hacerlo y un buen conocimiento de las habilidades relacionales a las que aludíamos antes.

Las relaciones entre las personas son un ejemplo claro de la causalidad circular de los sistemas complejos: las personas creamos las relaciones que nos vinculan, pero, una vez generados los vínculos, estos reducen la libertad de acción de las personas. Y, una vez estructurados, los vínculos crean una cultura relacional que tenderá a mantener el orden generado por los propios vínculos, con lo que la libertad individual se reduce aún más.

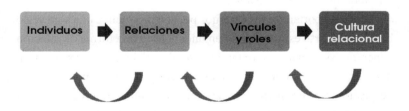

Figura 11. Procesos relacionales

Es decir, una vez más nos encontramos con los tres niveles de complejidad en interacción: persona, relación y sistema, y los tres niveles deben ser gestionados para garantizar la generación de espacios de diálogo, que, no lo olvidemos, no dejan de ser unas iniciativas creadas artificialmente en la mayoría de organizaciones actuales.

Describir los sistemas complejos no es fácil, por lo que puede parecer un modelo muy abstracto, pero nada más lejos de la realidad, ya que justamente son la mejor manera de describir las situaciones más cotidianas. Veremos los tres niveles de complejidad en un ejemplo.

Imaginemos la relación entre dos personas de un equipo. En una reunión están discutiendo sobre un proyecto en el que participan ambos. Juan no ve clara la dirección que está tomando el proyecto y es partidario de frenarlo y ganar tiempo para revisarlo, pero Carmen cree que esta dilación sería peligrosa porque podrían perder el soporte de la alta dirección.

El primer nivel de complejidad se produce en el interior de cada uno de los protagonistas. Ambos tienen dudas y entienden los argumentos del otro, y en su interior se produce un «diálogo interno» entre opiniones, creencias, sentimientos, expectativas y temores. Al final, cada uno opta por una posición y la comunica a la otra parte en forma de acuerdo o desacuerdo, racional o emocionalmente, de un modo dialogante o tajante, etc.

Esos comportamientos externos pueden producirse una sola vez o bien pueden irse estructurando en unos roles y una forma de relación concreta. Así, Juan va adoptando el rol de prudente y Carmen un rol más estratégico. Lo que en Juan es una búsqueda de la mejor manera de gestionar el proyecto, en Carmen es orientación a los *stakeholders*, etc. Esta «especialización» acabará por configurar un tipo de vínculo previsible, ya sea de complementariedad o de confrontación, por citar los dos ejemplos extremos. Estos roles y el vínculo son el emergente del segundo nivel de complejidad. En el primero primaban los aspectos internos de las dos personas, en el segundo los aspectos relacionales (roles y vínculos), que no existirían sin la relación.

Finalmente imaginemos que en el conjunto del equipo se van produciendo experiencias de complementariedad basadas en la especialización, probablemente impulsadas y tuteladas por el jefe del equipo, que resultan ser funcionales. Poco a poco, esa forma de trabajar se convierte en la forma «correcta» de trabajar; es decir, estamos asistiendo a otro nivel de estructuración, ahora en forma de cultura de equipo. En el cuadro siguiente podemos ver un resumen de un caso real.

CASO: EL DEPARTAMENTO DE I+D
DE INVESTIGACIONES GENÉTICAS, S.A. (IGSA)

Imaginemos una empresa biotecnológica, a la que llamaremos IGSA, con prestigio en el sector y un futuro esperanzador por el estado de la investigación de dos posibles fármacos. La competencia del sector, algunas dificultades en la última ronda de financiación que era por un importe muy elevado y el aumento de tensiones entre departamentos hicieron que la empresa buscara asesoramiento externo. El objetivo era evidente: mejorar las relaciones interdepartamentales para hacer frente a las dificultades externas (competencia, financiación), pero una intervención directa al nivel relacional para mejorar la cooperación y las habilidades de negociación ya había tenido dificultades para obtener buenos resultados en un programa anterior de una consultora de reconocido prestigio.

Las habilidades relacionales que se pretendían implementar eran percibidas como una infección de la que el organismo organizacional se defendía generando anticuerpos. En efecto, la cultura relacional no facilitaba la transparencia, la cooperación y la gestión creativa de la discrepancia, que a menudo

> incluso se convertía en conflicto. Por otra parte, los roles estaban demasiado establecidos y eran rígidos, de tal manera que las relaciones de fidelidad y de jerarquía primaban sobre la eficacia. Todo ello era una barrera insalvable para las técnicas relacionales que precisan de un ecosistema mínimamente propicio para poder ser útiles.
>
> Era necesario crear espacios de diálogo para redefinir la cultura relacional, ampliando el sentimiento de pertenencia hacia la organización mediante la toma de consciencia de la interdependencia y las sinergias potenciales no aprovechadas y los efectos negativos de todo ello.

El caso de IGSA, aunque muy resumido y simplificado, nos advierte que la creación de espacios de diálogo requiere gestionar tres niveles de complejidad. Estos tres niveles, de mayor a menor nivel de complejidad, son:

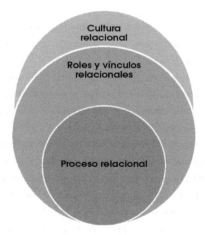

Figura 12. Los tres niveles de complejidad relacional

A continuación, describiremos algunas técnicas para gestionar los tres niveles.

Cultura relacional

Como sabemos, la cultura regula, limita y condiciona las conductas de los miembros del grupo que ha generado dicha cultura. Las relaciones no quedan excluidas de esta constatación.

Todos sabemos que los análisis de cultura acostumbran a ser lentos y complicados, y en la gestión diaria normalmente no tenemos ni el tiempo ni los recursos para hacerlos cotidianamente. Pero si queremos interpretar bien las relaciones de nuestro equipo, entre equipos o con nuestros *stakeholders* o clientes necesitamos conocer cuáles son las reglas relacionales que condicionan las conductas. Además, recordemos, un problema solo se puede resolver en el nivel de complejidad en el que se produce.

Para dar respuesta a este dilema hace unos años creamos el mapa de roles[27] que describe las cuatro configuraciones básicas que pueden generar las relaciones en un grupo humano. El mapa se construye a partir de dos pares de factores. El primer vector lo configura la tendencia del grupo hacia la búsqueda de consensos como factor de estabilidad, o la presencia de discrepancias como motor de evolución, aunque comporte un cierto riesgo de conflicto.

El segundo vector se configura a partir de la vivencia emocional de las relaciones entre los miembros del grupo. En un polo encontramos el miedo, entendido como vivencia de inseguridad, desconfian-

---

27. Ver Casado y Prat (2014): *El mapa del conflicto*. El mapa fue diseñado en su origen como parte de un método de resolución de conflictos, aunque con posterioridad su uso se ha ampliado a otros ámbitos más generales de la gestión relacional.

za, distanciamiento o, en algunos casos, defensa que puede derivar en agresividad. En el otro polo, ubicamos el amor, en su acepción más genérica, que incluye proximidad, complicidad, confianza, colaboración e implicación con un proyecto compartido. Gráficamente, el mapa se representa así:

Figura 13. Mapa de roles relacionales

Como se decía antes, una vez que se ha generado una cultura relacional, esta condiciona los roles relacionales de las personas y los vínculos que estructuran las relaciones. En la tabla siguiente veremos los roles y vínculos característicos de cada cultura:

Cultura relacional	Roles relacionales	Vínculos
Evolución	Implicado, creativo, solidario, transparente, crítico constructivo.	Confianza, interdependencia, colaboración, diálogo, debate, negociación y acuerdo.
Estabilidad	Conservador, cómplice, próximo, previsible.	Amistad, uniformidad, ausencia de debate, creación de un «nosotros» excluyente.
Inestabilidad	Defensivo, ansioso, opaco, sumiso, crítico con terceros.	Evitación del debate, diplomacia, silencios («lo no dicho»), creación de subgrupos.
Conflicto	Agresivo, competitivo, confabulador, egocéntrico.	Discusión, confrontación, no respeto, orientación a vencer (no a la tarea).

A la vista de la tabla anterior, resulta obvio que una organización sin una cultura relacional evolutiva dificultará las relaciones sinérgicas y finalmente será insana para las personas. El miedo y la propia inseguridad ante la incerteza producen muchas veces culturas de equipo autocomplacientes y orientadas a las relaciones más que a la tarea y los resultados (estabilidad) o culturas basadas en la obediencia, el silencio, la evitación de la discrepancia y el mantenimiento de consensos explícitamente artificiales (inestabilidad). Finalmente, hay grupos que acaban por estructurarse colectivamente a partir de la competitividad interna, la tensión y el distanciamiento, lo que impide cualquier proyecto común y en última instancia frena cualquier posibilidad de adaptación al entorno (conflicto). En los últimos casos, el coste emocional para las personas es también muy elevado en forma de ansiedad, estrés o agresividad más o menos evidente.

En el mundo real es difícil encontrar equipos o departamentos con una cultura que sea exclusivamente una de las cuatro configuraciones de nuestro modelo. La mayoría de los equipos que hemos analizado son mixtos, aunque con alguna predominancia. En cualquier caso, identificar bien esa cultura predominante es el primer paso para movilizar el grupo hacia una cultura evolutiva. Las palancas de cambio son las creencias y los valores activos en el equipo, pero también los roles y los vínculos que los mantienen. Una cultura se cambia desde lo concreto, no desde el discurso.

Este cambio se consigue cuestionando la estructura relacional existente que debe ser sustituida, al principio de manera artificial, por una nueva estructura que deberá ser supervisada hasta que no se integre en la cotidianidad. Una vez que se ha organizado y estructurado, podemos hablar de una nueva cultura.

En la tabla siguiente veremos algunas preguntas que puede formularse el equipo en cada una de las culturas. Se trata de facilitar espacios de diálogo para iniciar el camino hacia la nueva cultura evolutiva.

CULTURA	FOCOS PARA EL DIÁLOGO PARA EL CAMBIO DE ROLES Y VÍNCULOS
ESTABILIDAD	¿Qué creemos que ganamos si seguimos igual? Si seguimos como hasta ahora, ¿cómo estaremos dentro de un año? ¿Cómo evitamos saber lo que necesitamos cambiar? ¿Qué información (indicadores, opiniones) necesitamos conocer? ¿Qué opinan nuestros clientes sobre nuestro producto o servicio? ¿Cuáles podrían ser los primeros compromisos individuales para cambiar? ¿Cuáles podrían ser las reglas que pueden ordenar nuestras relaciones para poder evolucionar?
INESTABILIDAD	¿Qué creemos que ganamos si seguimos igual? Si seguimos como hasta ahora, ¿cómo estaremos dentro de un año? ¿Qué miedos nos bloquean? ¿Qué podemos hacer para controlar los riesgos? ¿Qué conversaciones evitamos tener? ¿Cuáles podrían ser los primeros compromisos individuales para cambiar? ¿Cuáles podrían ser las reglas que pueden ordenar nuestras relaciones para poder evolucionar?

Cultura	Focos para el diálogo para el cambio de roles y vínculos
Conflicto	¿Qué creemos que ganamos si seguimos igual? Si seguimos como hasta ahora, ¿cómo estaremos dentro de un año? ¿Qué puedo aceptar de la posición del otro/a? ¿Qué necesito pedir al otro/a? ¿Qué podemos negociar? ¿Cuáles podrían ser los primeros compromisos individuales para cambiar? ¿Cuáles podrían ser las reglas que pueden ordenar nuestras relaciones para poder evolucionar?

Roles y vínculos relacionales

En ocasiones, la dificultad se producirá en un nivel de complejidad menor, es decir, relacional, cuando los roles y los vínculos entre algunas personas son disfuncionales o claramente involutivos. Nos estamos refiriendo a fenómenos bien conocidos como las relaciones de dependencia, las complicidades excluyentes, las conductas evitativas o la obediencia como valor que ordena las relaciones.

Existen diversas maneras de abordar esta cuestión. Este libro no pretende ser un manual de gestión relacional y por ello solo citaremos a modo de ejemplo, dos métodos muy distintos y complementarios entre sí.

El primer método es el Modelo comunicativo evolutivo de Maria Gina Meacci. Este modelo diferencia unos tipos relacionales que pueden ser adecuados, o no, para el mundo del trabajo, y describe las funciones de los distintos roles. Es un modelo, pues, claramente centrado en los roles y los tipos de vínculos que se han construido.

En esencia, Meacci describe cinco tipos de relaciones que se diferencian en el elemento que ha de ostentar el protagonismo: uno mismo, la otra persona, la relación, la tarea o la propia organización. Según Meacci, para que una organización evolucione, las relaciones han de focalizarse en la tarea, la organización o en el autoliderazgo. Si se orienta a la otra persona o a la propia relación, la organización entrará en un camino involutivo.

Es importante resaltar que, según Meacci, los responsables de gestionar las relaciones son todas las personas implicadas, no solo los jefes o directivos o directivas, y para hacerlo deben velar por los «catorce principios de organización relacional» que no vamos a comentar ahora.[28]

Desde una perspectiva totalmente distinta es útil la propuesta del psicólogo construccionista Kenneth Gergen que ha desarrollado la técnica de la «reformulación de problemas», que, a pesar de lo que su nombre parece sugerir no es, estrictamente, una técnica de resolución de problemas, sino un método para cambiar la percepción que tenemos de las situaciones para facilitar el diálogo.

Para Gergen todos estamos construyendo la realidad constantemente, de tal manera que los roles que desempeñan las dos personas y la relación misma no pueden ser otra cosa que construcciones subjetivas. Si queremos facilitar la creación de espacios de diálogo, debemos clarificar y compartir nuestras construcciones. Un diálogo que acaba en acuerdo no es más que el proceso para

28. Ejemplos de relación profesionales involutivas centradas en la otra persona o en la relación pueden ser la relación de dependencia entre un jefe dominante y un colaborador obediente, o las relaciones de amistad que incluso puede ser disfuncional en un entorno profesional si relega la tarea a un segundo plano. El modelo de Meacci puede consultarse en el libro de Mardarás (2011).

redactar un relato común, y como decíamos antes en sistemas complejos la comunicación debe promover la generación de relatos compartidos.

Según Gergen, se pueden redefinir los cuatro elementos de una relación:

- La situación: cómo define cada uno la situación global.
- El otro/a: cómo se siente, qué piensa, por qué hace lo que hace…
- A mí mismo/a: cómo me veo, qué alternativas tengo, qué cualidades me atribuyo…
- La relación: cómo es, qué interpretaciones hacen los dos, qué opciones no ven.

Desde esta perspectiva los roles y los vínculos son construcciones que hacen los protagonistas. Tomar consciencia de ello, compartir las construcciones y construir una definición compartida y evolutiva sería un proceso de reformulación exitoso.

Proceso relacional

Finalmente, llegamos al nivel relacional más simple, ya que no estamos hablando de roles y vínculos rígidamente establecidos, ni de configuraciones culturales que condicionan los comportamientos puntuales. Pero ello no quiere decir que saber reconducir procesos relacionales disfuncionales no sea importante, ya que una relación involutiva puede dificultar, y mucho, la toma de decisiones. Pensemos en las relaciones en un comité de dirección o en las relaciones entre dos departamentos en un proyecto transversal.

Gestionar bien las relaciones es también la mejor manera de ayudar a generar roles y vínculos sinérgicos que acabarán por generar una cultura evolutiva, que, cerrando el círculo, facilitará las relaciones, cooperativas y sanas.

La gestión del proceso relacional debe empezar por reconocer los principios relacionales que caracterizan cualquier relación. Estos principios son una síntesis de algunas aportaciones de algunos expertos en comunicación. Si alguna persona, o una cultura, transgrede alguno de estos principios la gestión debe empezar por abordar esta dificultad.

1. No se puede «no comunicar», el silencio es un mensaje, la ausencia de una reunión es un mensaje, una mirada es un mensaje. Como escribió Gregory Bateson, «nunca ocurre que no ocurra nada» (Bateson, 1984, pág. 128).

2. Cada mensaje invita a la otra persona a la evolución o a la involución; en otras palabras, en un entorno de causalidad circular, cada mensaje tiene un antecedente y una consecuencia (Gergen, 2010).

3. En una relación siempre hay corresponsabilidad en el carácter evolutivo o involutivo de la conversación (Stone, Patton y Heen, 2010).

4. La discrepancia es el motor de la evolución, el consenso permanente nos da orden, pero a largo plazo es involutivo (Casado y Prat, 2014).

5. La comunicación incluye el contenido conversacional y la calidad relacional.

6. La comunicación, en la mayoría de ocasiones, es en parte racional y en parte emocional.

7. La persona que vive el problema relacional es quien debe proponer la conversación sin apelar a «problemas evidentes» (que pueden no serlo para la otra parte) (Watzlawick, 1995).

Una vez verificado que se entienden y aceptan los principios relacionales, el facilitador relacional debe diagnosticar los sucesivos estadios que van configurando una relación productiva. Estos estadios pueden visualizarse como los distintos pisos del edificio comunicativo:

Figura 14. Los estadios relacionales productivos

Visibilidad

Este es el paso previo de sentido común. El facilitador relacional debe preguntarse si está percibiendo todas las relaciones significativas que se producen en su área de responsabilidad.

En las organizaciones muchas veces se dan relaciones involutivas que quedan demasiado tiempo ocultas, incluso las más involutivas de todas, como son las conflictivas, de tal manera que sus efectos nocivos se prolongan durante demasiado tiempo.

Es evidente que no se puede escanear constantemente las relaciones, pero el facilitador o facilitadora relacional sí podrá poner la atención sobre esta cuestión en las reuniones de equipo, en las presentaciones, en las reuniones de proyecto o en cualquier otro momento relacional importante. El objetivo es seleccionar cuáles son las relaciones que deben merecer la atención en función de si son repetitivas, o no, y si son evolutivas o involutivas.

Legitimidad

La primera variable que hay que valorar es la voluntad que cada parte tiene de legitimar la posición de la otra. Damos legitimidad a la otra parte cuando se escucha con interés, sobre todo las discrepancias, cuando se reconoce el derecho a opinar diferente, cuando se identifican y valoran los aspectos positivos que tiene otro punto de vista, cuando se acepta que desde el rol de la otra persona su posición es coherente, etc.

Por el contrario, no legitimamos al otro si no le escuchamos, si descalificamos su rol, si respondemos con opiniones camufladas de argumentaciones para refutar su punto de vista, cuando presionamos hacia un consenso forzado utilizando como escusas el tiempo, o la necesidad de «remar» en la misma dirección.

No legitimar la discrepancia acaba por empobrecer el debate o, aún peor, lo elimina. Y si no hay debate, no hay discrepancia, y si no hay discrepancia, no habrá evolución.

Confianza

Cualquier relación sana y productiva se basa en la confianza. La confianza nos da seguridad ya que la otra persona es previsible, invita a la colaboración y permite aceptar la discrepancia sin competitividad.

Todos sabemos por experiencia lo que es confiar en otra persona, y también lo que implica desconfiar de ella. La confianza es un sentimiento complejo que se construye progresivamente al constatar que la relación sigue los parámetros esperables, pero puede romperse muy rápidamente si la otra persona rompe ese acuerdo tácito y la mayoría de las veces no dicho. En los equipos de trabajo es conveniente explicitar cuáles son los principios que nos comprometemos a respetar para generar relaciones de confianza. También, en su caso, para poder analizar con serenidad las causas de su ruptura.

Algunos de esos principios son:

- Integridad personal (coherencia entre lo que se piensa, dice y hace).
- Cumplimiento de los compromisos.
- Reacción constructiva ante los errores de los otros (orientarse a la solución, no a la culpabilidad).
- Esforzarse por comprender a la otra persona.
- Ser franco y transparente.
- Ser respetuoso con la persona cuando estamos en discrepancia.
- Evitar manipulaciones emocionales.

Cooperación

Las relaciones cooperativas son la antítesis de las relaciones competitivas. Estas no son malas siempre, y en ocasiones una cierta competitividad interna estimula y genera una dinámica evolutiva, siempre que esté claro para todo el mundo que el premio final ha de ser colectivo. De no ser así, las relaciones competitivas acaban por convertirse en conflictivas.

Las relaciones cooperativas se basan en un acuerdo sobre la finalidad de la cooperación. La cooperación no puede ser un valor abstracto universal, que no puede estar activo todo el tiempo ni en una

ONG. Las relaciones cooperativas están al servicio de una finalidad o resultado que las personas se comprometen a conseguir juntas.

Además, las relaciones cooperativas se construyen desde la consciencia de la interdependencia. Cooperamos porque nos necesitamos, ya que solos no lo podemos conseguir. Se cimientan, por tanto, en los compromisos mutuos de aportación individual para conseguir el resultado acordado. Estos compromisos incluyen la ayuda mutua en caso de necesidad, y de petición explícita por parte de la persona que necesita la ayuda.

Cómo regenerar relaciones

En ocasiones, las relaciones no son fluidas y cooperativas. En algún momento del pasado algo que sucedió entre las personas las perjudicó. No estamos hablando de relaciones conflictivas, pero sí de relaciones que no tienen la vitalidad y la energía suficientes para convertirse en motores de vínculos sinérgicos. La planta está ahí, pero sus hojas están mustias, las ramas resecas y con toda seguridad la planta no está en condiciones de producir flores o frutos.

En el mundo relacional a veces también encontramos relaciones que no van a producir frutos, y si recordamos uno de los principios de los sistemas complejos, una relación no puede ser estable, o evoluciona o involuciona.

De la misma manera que para afrontar relaciones de conflicto son necesarias técnicas específicas, para reconstruir relaciones también hay que disponer de algunos métodos para agilizar la revitalización relacional. En este tema no es buena idea confiar en que el tiempo acaba por curarlo todo.

Si recordamos los principios relacionales que hemos resumido antes, la persona que vive el problema es quien debe iniciar el camino de reconstrucción. Esta persona puede ser una de las personas implicadas en la relación, o bien una tercera persona, como por ejemplo el jefe de un equipo, que se da cuenta de que la relación entre algunas personas aparentemente no es problemática, pero es o acabará siendo involutiva.

Para amplificar su eficacia, la persona agente impulsor del cambio relacional puede guiarse por las fases de los procesos de crecimiento personal o colectivo: consciencia, responsabilidad y acción.[29] Veremos a continuación algunas recomendaciones útiles en cada una de dichas fases.

Consciencia

Por supuesto no se trata de tener un momento de iluminación o un *insight*: «¡Ajá! La relación entre Marta y Antonio es involutiva». Se trata de observar cotidianamente las relaciones del equipo y verificar si cumplen las condiciones que hemos definido al hablar de proceso relacional en el apartado anterior.

Las preguntas que puede hacerse un jefe de equipo, por ejemplo, son:

- ¿Existen (y son visibles) las relaciones necesarias para el buen funcionamiento del equipo?
- ¿Las personas legitiman las opiniones, roles, ideas, etc., de los compañeros/as?

---

29. Estas fases son una elaboración a partir de las investigaciones del psicólogo humanista Robert Carkhuff que diferenciaba tres etapas en los procesos de cambio: exploración, comprensión y acción.

- ¿Las relaciones en el equipo son de confianza?
- ¿Las relaciones en el quipo son de cooperación?

Responsabilidad

La responsabilidad incluye evidenciar y comunicar la situación, y hacerlo asumiendo que la propia opinión no es la única posible, lo que resulta especialmente importante cuando uno mismo es uno de los protagonistas.

Estamos hablando de que cada persona mire hacia su interior antes de actuar. Podemos seguir el modelo de Stone, Patton y Heen, ya citado anteriormente, que nos recuerda que:

1) Las conversaciones difíciles se basan en percepciones. Por ello podemos cometer tres errores:

- Asunción de tener la razón (aunque en situaciones complejas normalmente la razón es compartida).
- Convencimiento de saber las intenciones que tiene la otra persona (olvidando que tras cualquier conducta se pueden esconder causas muy diversas).
- Atribuir la culpa a la otra parte, cuando la pregunta clave de corresponbilidad es «cómo contribuye cada parte a la situación relacional».

2) Las conversaciones difíciles no incluyen emociones, sino que son sobre emociones, y por tanto debemos manejar las emociones antes de abordar los problemas. Manejar las emociones empieza por ser consciente de las propias emociones ante la situación y el compromiso de manejarlas cooperativamente.

3) Antes, durante y después de una conversación difícil, está en juego nuestra identidad, y por tanto es necesario ser consciente de aquello que nos estamos diciendo a nosotros mismos («Estoy siendo demasiado blando»,«No debería fiarme», «Siempre abusan de mí», o bien «A mí no me falta el respeto nadie, se va a enterar», etc.).

Acción

Una vez que somos conscientes de la existencia de un problema relacional y hemos tenido el valor de investigar nuestra posible contribución al mismo, estaremos en disposición de hacer algo: básicamente solicitar a la otra persona (u otras personas) una conversación para hablar de ello. Pero para hacerlo es buena idea seguir unas pautas que, si bien no nos garantizan el éxito, al menos nos ayudan a no cometer algunos errores que frecuentemente cometemos cuando, armados de toda nuestra mejor voluntad, decidimos intentar mejorar una relación.[30]

En primer lugar, debemos ser conscientes de que nosotros estamos preocupados por el problema, pero la otra persona puede no estarlo o puede definir el problema de una manera diferente, como advertíamos en el principio relacional 7 (citados en la página 191). Por ello, el inicio de la conversación es solicitar hablar con la otra persona sobre el tema que nos preocupa. En cierta manera se trata de preguntar si comparte nuestra preocupación y nuestro interés en hablar sobre el problema.

Si la respuesta es afirmativa, vamos a expresar nuestra percepción subjetiva, no a presentar un análisis argumentado descriptivo

---

30. El método que veremos a continuación se basa en una serie de técnicas del psicólogo transaccionalista Claude Steiner, y pueden consultarse en Steiner (2011).

del problema. Eso significaría olvidar que la realidad se construye subjetivamente como hemos visto en el apartado «¿Percibimos la realidad o la construimos?». Por supuesto si la otra persona no quiere hablar en ese momento debemos respetar su decisión.

Supongamos que nuestro interlocutor acepta hablar con nosotros. En ese momento nos podemos encontrar ante dos escenarios. En el más simple, nos vamos a referir a situaciones y momentos que podemos describir; en el más complicado, solo tenemos una vaga intuición o la sensación de que algo no marcha bien en esa relación. En el primer caso utilizaremos la fórmula de acción-sentimiento; en el segundo, la de expresión de intuiciones.

La fórmula de «acción-sentimiento» describe una manera de acercarse al interlocutor que evita al máximo cualquier valoración o juicio de la otra persona. Parte de los principios relacionales ya descritos y evita cualquier aseveración basada en una improbable objetividad y, menos aún, cualquier atribución de causalidad de la conducta. Una formulación típica de «acción-sentimiento» sigue esta estructura (aunque, por supuesto, deberá adaptarse en cada caso):

- Hablar en primera persona, ya que lo que se va a expresar es la percepción subjetiva de quien habla.
- Describir lo sucedido sin valorar ni enjuiciar.
- Expresar el impacto que ha tenido en quien habla.
- Manifestar la importancia que tiene mejorar la relación para quien habla.
- Preguntar al interlocutor si está de acuerdo en hablar sobre ello.
- Escuchar.

Un abordaje así puede parecer demasiado idealista y ciertamente en el mundo real no es el más habitual. Pero si recordamos los principios relacionales veremos que están presentes en su totalidad. No garantiza el éxito, pero, al menos, nos abre una puerta a la esperanza. En cualquier caso, podemos ver a continuación un ejemplo en dos versiones de conversación para darnos cuenta de que probablemente la otra opción sí que nos garantiza un bloqueo relacional.

CONVERSACIÓN DE ACCIÓN-SENTIMIENTO	CONVERSACIÓN EVALUADORA
JUAN: Me gustaría hablar contigo sobre las últimas reuniones de seguimiento del proyecto, ¿te parece que nos veamos en algún momento?	JUAN: El proyecto no va bien, y no te entiendo, ¿quieres que revisemos la segunda fase o no?
CARMEN: Voy muy atareada, ¿qué pasa?	CARMEN: Ya lo dije el otro día, ¿es que no me escuchas?
JUAN: Me siento un poco confuso, el otro día eras partidaria de revisar toda la segunda fase del proyecto, y hoy solo estabas centrada en cumplir los plazos...	JUAN: Ya te oí, pero ahora parece que solo te preocupan los plazos...
CARMEN: Es que vamos muy retrasados, deberías preocuparte tú también, ¿no?	CARMEN: ¿Y a ti no te preocupan? Mi jefe empieza a estar impaciente.

Conversación de acción-sentimiento	Conversación evaluadora
Juan: Y lo estoy, pero mi confusión viene de tus cambios de opinión. Coincido en que la segunda fase no está bien enfocada, y también soy consciente de que vamos retrasados.	**Juan:** Yo no he dicho que no me preocupen, solo te digo que no hay quien te entienda...
Carmen: Entonces ¿tú qué propones hacer?	**Carmen:** A lo mejor es que solo me preocupo yo del maldito proyecto...
Juan: ¿Qué te parece si valoramos tú y yo lo que supondría revisar la segunda fase en términos de tiempo y vemos si los de arriba pueden aceptar un nuevo calendario?	**Juan:** Claro, y los demás no tenemos nada mejor que hacer que perder el tiempo esperando a ver qué se te ocurrirá mañana...
Carmen: ¡Uf!, Si quieres lo probamos, aunque no sé si nos pondremos de acuerdo.	**Carmen:** Mira, tú haces lo que te plazca, que yo pienso hablar con mi jefe para que decida qué hacer...

Como decíamos, la primera conversación no garantiza el éxito, pero la segunda, llena de atribuciones, opiniones subjetivas camufladas como argumentaciones, y una dinámica defensiva por parte de los dos, no augura un final demasiado cooperativo.

La fórmula para expresar intuiciones es un poco más complicada porque ahora estamos ante situaciones en las que la primera persona siente que algo no va bien, pero no puede describir ninguna situación o conducta concretas para argumentarlo. La intuición es una capacidad de los seres humanos que nos informa sobre las situaciones que vivimos, las relaciones que mantenemos, las decisiones que tomar, mediante un conocimiento que tiene mucho de inconsciente y relacionado con la memoria emocional. Está claro que preferimos el conocimiento racional y consciente, pero no es buena idea renunciar a esta otra vía que se nos manifiesta de una forma vaga y difusa, pero reconocible. En el terreno relacional es esa sensación de que algo no marcha como marchaba, o como debería marchar, con la otra persona. Aquí también será buena idea que sigamos un cierto método para no transgredir los principios relacionales. El inicio de la conversación es idéntico al de «acción-sentimiento»: solicitar hablar con la otra persona y expresarse en primera persona. A continuación:

- Expresar explícitamente como intuición o fantasía lo que se siente.
- Preguntar si la intuición contiene alguna parte de verdad.
- Escuchar la respuesta.

La respuesta puede ser afirmativa, es decir, confirmar la intuición, con lo que tenemos encaminada la conversación para llegar a un acuerdo. Pero puede suceder que la respuesta sea negativa. ¿Qué hacer entonces? Veamos la siguiente conversación:

JUAN: En las últimas reuniones de seguimiento del proyecto he tenido la sensación de que no estabas cómoda con alguna cosa, no sé si del proyecto o sobre como estoy llevando mi parte, ¿es cierta esta incomodidad?

CARMEN: No sé por qué lo dices, está claro que el proyecto no avanza como estaba previsto, pero son cosas que pasan, no tengo ningún problema contigo…

JUAN: No pretendía decir que tuviéramos un problema, ya te digo que es una sensación, pero me gustaría saber si hay algo de cierto en ella, no sé…, alguna cosa que te haya molestado últimamente, sobre todo si hay algo que yo pueda hacer para ayudar. Me gustaría recuperar la energía y el buen humor que había en las primeras reuniones…

CARMEN: Eso es cierto, al principio teníamos más ilusión, ahora los problemas se acumulan y empiezo a dudar si esto saldrá adelante… Ya son demasiados proyectos que no han conseguido implementarse…

JUAN: Estoy de acuerdo contigo y yo también estoy preocupado, creo que deberíamos hablar más entre nosotros, ¿te parece?

La situación es muy simple, pero pone de relieve cómo evitar dos riesgos que pueden convertir una situación muy habitual en una semilla de conflicto:

Juan cree que su intuición es cierta y cataloga el comportamiento de Carmen, por ejemplo, «Carmen quiere llevar el proyecto a su manera y no tiene en cuenta las necesidades de mi equipo». Además, Juan puede empezar a atribuir causalidades al comportamiento de Carmen, como, por ejemplo: «Carmen quiere liderar sola el proyecto y pretende dejarme de lado, por eso se molesta cuando no actúo como ella quiere»

Tanto en un caso (hechos que podemos describir) como en el otro (intuiciones que no podemos demostrar), el objetivo final de la conversación es llegar a algún tipo de acuerdo: clarificar lo sucedido, cambiar comportamientos o decidir acciones futuras. Saber acordar es otra competencia fundamental en un entorno complejo, y sobre la que también podemos hacer alguna recomendación.

Saber acordar es un proceso, en sí mismo complejo y que comprende tres etapas:

1. Preacuerdo: cada parte debe reflexionar sobre los motivos que la impulsan al acuerdo, qué quiere conseguir mediante el acuerdo, y qué condiciones pueden limitarlo. Estas reflexiones deberían ser compartidas con la otra parte. Es una manera de iniciar el proceso de una forma cooperativa.
2. Acuerdo: es la parte central en la que seguiremos el modelo propuesto por Quintana y Cisternas (2014), que se verá a continuación.
3. Seguimiento: el acuerdo debe incluir indicadores de verificación y las formas de seguimiento. Periódicamente deberá verificarse el grado de cumplimiento, y de apreciarse incumplimientos, analizar de forma conjunta las causas e incluso revisar el propio acuerdo si procede

Quintana y Cisternas sostienen que los seres humanos utilizamos cinco acciones relacionales básicas, desde nuestra infancia más temprana, para relacionarnos con los otros. Como expresan los autores, «nos entregan la posibilidad de articular la acción y definir el vínculo para regular lo que queremos conservar o transformar» (pág. 81).

Este modelo resulta de especial interés desde la mirada de la complejidad, ya que la capacidad de acordar es el instrumento relacional más poderoso para crear orden en un sistema humano. Estos pilares relacionales son los que permiten llegar a acuerdos consistentes y equilibrados o todo lo contrario. Solo habrá acuerdo si hay escucha y reconocimiento que permiten pedir y ofrecer con fundamento.

Figura 15. Las acciones relacionales

Profundizaremos un poco en el esquema para visualizar la necesidad de las cuatro acciones relacionales de la parte inferior de la figura a fin de poder aspirar a acordar de una forma sólida.

Si no se escucha en profundidad a la otra persona, esta se sentirá excluida y poco dada a pedir u ofrecer, ya que no es sensato pedir y es estúpido ofrecer a quien nos ignora. Si no reconocemos a la otra persona, es difícil que quiera acordar algo con quien la considera invisible o poco importante.

Pero también nos podemos preguntar qué se puede ofrecer si no se ha escuchado a la otra persona, es decir, si no se conocen sus necesidades, o qué se puede reconocer de la otra persona si no se la ha escuchado.

Como vemos, son cinco acciones relacionales complementarias, integradas y en interacción constante. De ahí que conocer los «estilos» personales en las cinco acciones sea el paso previo a la mejora relacional. En el cuadro siguiente se resumen algunos estilos eficaces e ineficaces.

Acción	Forma productiva	Forma improductiva
Pedir	Explicitar al otro/a, de forma clara, concreta y respetuosa, la necesidad de que haga algo determinado.	No pedir. Pedir indirectamente. Seducir, rogar, imponer. Pedir exigiendo (no aceptar el no).
Ofrecer	Proponer hacer alguna acción que dé respuesta a las necesidades de la otra persona.	Ofrecer de manera vaga. Ofrecer ocultando una petición. Ofrecer sin petición. Estar disponible sin ofrecer. No aceptar el no.
Acordar	Cocreación del futuro a partir de la negociación de las necesidades, intereses y recursos de las dos partes.	Acuerdos desequilibrados. Acuerdos «provisionales». Acuerdos imposibles. Falta de voluntad de cumplir los acuerdos. Acuerdos poco concretos.
Escuchar	Ver al otro, lograr que se sienta comprendido y aceptado en su diferencia.	Atención dispersa. Oír sin escuchar. Escuchar sin aceptar. No indagar. Interrumpir.
Reconocer	Expresar a la otra persona lo importante que es para mí, y las cualidades que valoro y también los aspectos que creo que debería mejorar.	Reconocer de forma imprecisa. Reconocer solo lo excepcional. Reconocer para dominar. Reconocer solo las carencias.

Puede ser interesante, para acabar circularmente y conectar con el inicio del capítulo, visualizar, mediante algunos ejemplos, cómo restringen las distintas culturas relacionales el margen de libertad a la hora de ejercer las cinco acciones relacionales:

CULTURA RELACIONAL	ACCIONES RELACIONALES
ESTABILIDAD	PEDIR: adhesión. OFRECER: adhesión. ACORDAR: automáticamente. ESCUCHAR: para confirmar. RECONOCER: la homogeneidad.
INESTABILIDAD	PEDIR: prudencia. OFRECER: autocontrol. ACORDAR: no agresión. ESCUCHAR: intenciones del otro. RECONOCER: control.
CONFLICTO	PEDIR: sumisión. OFRECER: nada. ACORDAR: rendición. ESCUCHAR: para identificar debilidades o trampas del otro. RECONOCER: lo negativo, ignorar.

Cultura relacional	Acciones relacionales
Evolución	Pedir: iniciativa, diálogo. Ofrecer: iniciativa, diálogo. Acordar: proyectos. Escuchar: discrepancia para aprender, necesidades del otro. Reconocer: aportaciones, cooperación.

Quince ítems para la reflexión

A continuación, se proponen quince afirmaciones sobre los conceptos discutidos en el capítulo para que el lector pueda reflexionar sobre su propia organización. No son respuestas en clave sí/no, sino más bien estímulos para el debate.

Factores	A menudo	A veces	Raramente
Creamos espacios de diálogo siempre que una situación lo demanda.			
Nuestra cultura favorece las relaciones evolutivas y adaptativas.			

FACTORES	A MENUDO	A VECES	RARAMENTE
Nuestras relaciones se orientan a la tarea, excepto en momentos especiales.			
Nuestras relaciones intraequipo se caracterizan por la confianza.			
Nuestras relaciones intraequipo son cooperadoras.			
Nuestras relaciones entre equipos o departamentos se caracterizan por la confianza.			
Nuestras relaciones entre equipos o departamentos son cooperadoras.			
Legitimamos las opiniones diversas sobre una cuestión.			
Damos visibilidad a la diversidad de opiniones.			
Nos escuchamos.			
Cuando hay diversidad de opiniones, sabemos llegar a acuerdos.			

FACTORES	A MENUDO	A VECES	RARAMENTE
Aprovechamos la discrepancia para crecer e innovar.			
No evitamos las conversaciones difíciles.			
Sabemos cómo afrontar relaciones difíciles.			
Disponemos de profesionales preparados para afrontar situaciones de conflicto.			

9. Impulsar la inteligencia colectiva

«La hormiga es un animal colectivamente inteligente
e individualmente estúpido.
El ser humano es el opuesto».

KARL RITTER VON FRISCH (1886-1982)
Etólogo y premio nobel austríaco

¿Será la inteligencia colectiva (IC) la necesaria evolución adaptativa para nuestra especie y nuestra sociedad en crisis? Ante altos niveles de complejidad, nuestra sociedad mundializada y diversa ya no permite que solo algunas mentes, por muy brillantes y privilegiadas que sean, puedan gestionar situaciones sistémicas. El abordaje ha de ser global, y la acción conjunta se hace imprescindible. A su vez, esta diversidad de experiencias vitales y de pensamiento, tan necesaria cuando se pretende generar opciones o enriquecer una visión con perspectivas múltiples, se convierte en un obstáculo a la hora de emprender acciones coordinadas. Los regímenes autoritarios resuelven esa dificultad por la coerción, la fuerza y, si es necesario, la violencia: es una manera radical de simplificar la realidad o reducir la complejidad. Pero en una sociedad que pretende tener la democracia como valor constitutivo, ¿cómo pasar de la diversidad de perspectivas a la unidad de acción, dejando de lado los individualismos, celos y egoísmos propios?

El mayor enemigo de la inteligencia colectiva parece ser, paradójicamente, esta característica tan humana que ha permitido a nuestra especie crear sistemas sociales complejos, inventar e innovar gracias a los avances de la tecnología: la consciencia de uno mismo, el famoso ego. Por tanto, se justifica aún más la necesidad de evolución individual planteada en el capítulo sobre la oscilación para poder controlar nuestro ego individualista y permitir alcanzar colectivamente un nivel de inteligencia que va más allá de la suma de las inteligencias individuales.

En este capítulo, iniciaremos un viaje para entender los orígenes de la IC e iremos entendiendo por qué es tan urgente alcanzar este nivel de inteligencia superior como grupos, equipos, incluso también como especie. Posteriormente, analizaremos los mecanismos que permiten a las personas y a los equipos ser colectivamente inteligentes.

En 1926, el geoquímico ruso Vladímir Vernadski formuló la teoría de la noosfera. Afirmaba que la evolución en nuestro planeta se producía por fases o etapas: la geosfera había permitido la aparición de la biosfera y denominó a la siguiente fase noosfera o evolución de la conciencia universal. La noosfera, literalmente «esfera de la mente», constituiría una capa mental de la Tierra, una unidad discontinua, pero co-extensiva con todo el sistema de vida terrestre, incluyendo sus sistemas de soporte inorgánicos.

Un siglo más tarde, ¿podemos afirmar que esta evolución ya ha ocurrido? La evolución tecnológica, las redes de telecomunicaciones y los satélites (todos sistemas de soporte inorgánicos) han provocado en los últimos cuarenta años la emergencia de una red lógica única de alcance mundial: internet. El uso de internet ha crecido rápidamente en el hemisferio occidental desde la mitad de la década de 1990; desde la década de 2000 en el resto del mundo. En los últimos veinticinco años el uso de internet se ha multiplicado por cien, y ya incluye, en 2015, a la tercera parte de la población mundial. Independientemente de los individuos que lo pueblan, el planeta está cubierto de una densa capa de información, creada por la cultura existente y a su vez capaz de transformarla. Ya está modificando la biosfera y la tecnosfera.

Probablemente, no estaríamos hablando hoy de IC sin la revolución tecnológica del final del siglo xx. Nos referimos aquí tanto al aumento de la capacidad tecnológica del hardware como al acceso prácticamente universal a internet a través de esta tecnología. Desde la IC, esto ha potenciado tres aspectos fundamentales:

1. Poder almacenar y recuperar de manera instantánea y desde cualquier lugar del planeta la información generada, y esto, parece ser, de manera ilimitada e inmaterial.

2. El acceso a esta información facilita nuevos sistemas de lectura colectiva, es decir, que personas que hasta hace poco no tenían ninguna probabilidad de entrar en contacto durante su vida se ven hoy capacitadas para comunicarse. A su vez, provoca una difusión masiva de las diferentes interpretaciones de la información y, por tanto, una cultura compartida.

3. Permite compartir e intercambiar criterios abriendo la puerta a unificar o homogeneizar visiones del mundo, e intercambiar ilusiones y preocupaciones. Este punto tiene consecuencias positivas, como la diseminación del pensamiento científico (COIN Collective Intelligence Networks) y efectos indeseados

como el auge del ciberterrorismo o la progresiva disminución de la diversidad cultural.

Las nuevas tecnologías de la información y comunicación han permitido la emergencia de nuevas formas sorprendentes de IC, como lo son Wikipedia, Linux, Google, eBay y muchas más. Por eso, los expertos del mundo de la tecnología hacen hincapié en sus definiciones de la IC en el factor tecnológico.

Pero no es solo una cuestión tecnológica. Ya en 1912, el sociólogo francés Émile Durkheim afirmaba que «la sociedad constituye una inteligencia superior porque trasciende al individuo en el espacio y el tiempo».

Vamos a profundizar en la definición de esta forma de inteligencia.

En sus trabajos sobre las comunidades de práctica, Richard MacDermott (2003) compara la inteligencia humana, que depende del número y de la calidad de las conexiones neuronales, con la inteligencia organizativa, que depende de la naturaleza de las conexiones interpersonales. Metafóricamente, concluye que la organización debe aumentar las «sinapsis», las interconexiones entre sus miembros, para desarrollar su capacidad para capitalizar y formalizar su IC. Ello nos devuelve a la trascendencia de las relaciones en los sistemas organizativos.

Para algunos autores, la IC explica el desempeño de un grupo en una amplia variedad de tareas sin correlacionar con el promedio o la máxima inteligencia individual de los miembros del grupo, pero sí con el promedio de la sensibilidad social de los miembros del grupo, con la presencia de igualdad en la distribución de los turnos de conversación y también con la proporción de mujeres en el grupo

(Woolley y colaboradores, 2010). Los autores afirman que «este tipo de inteligencia colectiva es una propiedad del mismo grupo, no solo de los individuos en él» (pág. 687).

Según George Pór (2004), la IC es «la capacidad de las comunidades humanas de evolucionar hacia un orden de una complejidad y armonía mayor, tanto por medio de mecanismos de innovación como de diferenciación e integración, competencia y colaboración». En efecto, según P. Levy (1994), «Las organizaciones que fomentan la IC lo hacen valorando toda la diversidad de los conocimientos presentes, y organizando esta diversidad alrededor de un diálogo creativo y productivo».

La IC, por tanto, emerge cuando el sujeto inteligente es un «nosotros» consciente de sí mismo y no un conjunto de «yoes» muy inteligentes. En el mundo organizacional, ello implica la prevalencia del equipo sobre el individuo como eje central de gestión, desde una visión sistémica que focaliza su atención en las interacciones internas en los equipos y entre los distintos equipos, y departamentos en una secuencia creciente de complejidad. Las estructuras en red son la consecuencia de todo ello.

También es importante diferenciar la IC de otros conceptos cercanos. La IC no es gestión del conocimiento tácito, ya que el resultado que aporta es un emergente creado por el grupo, no aflorar una idea que estaba latente.

Esta característica parece aproximar la IC a la creatividad, pero tampoco hay que confundirlas, si bien, en ocasiones, el resultado de la IC tiene connotaciones de idea creativa. Sabemos que la creatividad es una forma de pensamiento individual, aunque se potencie relacionalmente. Como dice Csíkszentmihályi (2014, pág. 41): «la creatividad no se produce dentro de la cabeza de las personas, sino en la interacción entre los pensamientos de una persona y un contexto sociocultural». Desde esta perspectiva la IC puede actuar como ese contexto facilitador de la creatividad.

La IC se está convirtiendo en nuevo paradigma empresarial debido, en gran parte, al impulso que las nuevas tecnologías han proporcionado a esta forma colaborativa de trabajar. Sumar inteligencias parece más fácil que nunca en un mundo de interconexión instantánea, donde las distancias ya no son un impedimento para la colaboración. Las tecnologías de este principio de siglo XXI (*machine learning, cloud computing, big data, social media…*) permiten la producción de servicios y productos que sin ellas no podrían haber emergido. A la vez, refuerzan la creencia y la confianza en la colaboración como modelo de aprendizaje, de innovación y de generación de valor.

Para finalizar este breve repaso de diferenciación, la IC tampoco se puede equiparar, aunque pueda tener puntos de contacto, a los equipos de alto rendimiento que implican roles claramente definidos y métodos clásicos de trabajo en equipo para obtener un objetivo previamente definido. En los grupos de IC, los roles son flexibles, los métodos muy específicos y los objetivos no tan predeterminados.

Por el contrario, la IC está muy cercana a conceptos de la más reciente investigación en liderazgo y procesos colaborativos, como el de «presenciación» de la teoría U de Scharmer y Käufer (2015, pág. 136), que estos autores definen como el actuar desde la presencia de aquello que quiere emerger. Identifican cinco pasos críticos para que se produzca dicho proceso:

1. Coiniciación: conexión entre los actores y descubrimiento de puntos comunes.

2. Copercepción: ver desde la mirada del otro para tener una percepción colectiva.

3. Coinspiración: conexión con las fuentes más profundas de conocimiento.

4. Cocreación: exploración del futuro mediante prototipos prácticos.

5. Coevolución: mantener lo nuevo que se ha creado.

Tipos y niveles de inteligencia colectiva

La IC nos rodea en la naturaleza. Cualquier ecosistema, como fenómeno de interacción biológica, nos muestra la estrecha relación simbiótica que existe entre organismos de diferentes tipos que encuentran ventajas en «vivir juntos» (*syn*, «juntos»; y *biosis*, «vivir»). Su perennidad pasa por mantener un equilibrio o una evolución conjunta que no ponga en peligro a los integrantes del ecosistema. ¿Se puede considerar esta interacción como una manifestación de IC?

Más allá de los numerosos ejemplos de simbiosis biológica en el mundo vegetal, se pueden observar formas básicas de IC en el reino animal. Resulta fascinante observar el hermoso vuelo de bandas de estorninos o las sorprendentes bolas de peces que se juntan para engañar y protegerse de sus depredadores. Esta forma de inteligencia, transmitida por el código genético del animal, le ofrece ventajas competitivas en su carrera por la supervivencia.

Con el tiempo, esta IC biológica, comparable a la capacidad de las hormigas para construir arquitecturas de una increíble complejidad, fue evolucionando hacia formas más sofisticadas: la consciencia y el reconocimiento mutuo de los individuos de un grupo dio lugar a la capacidad de diseñar estrategias compartidas para sobrevivir, como por ejemplo la caza en grupo. Los grupos primigenios (manadas, clanes, tribus…), a través de su evolución cultural, fueron progresivamente capaces de diseñar estrategias y sistemas organizativos cada vez más sofisticados para alcanzar objetivos cada vez más ambiciosos.

La inteligencia colaborativa pasó de una función de defensa o protección (inscrita en la inteligencia biológica) a la identificación de objetivos y de estrategias para alcanzarlos. Los sistemas organizativos primarios empezaron a sofisticarse con el sedentarismo y la necesidad de crear orden y disponer de expertos coordinados y colaborando entre ellos para lograr proezas como construir un puente, una nave o una catedral.

El pensamiento jerárquico, cronológico y piramidal ofrece buenas respuestas a las necesidades de los entornos complicados: crea estructura, ordena, optimiza los procesos, aporta claridad. El incremento de la complejidad hizo necesario otro nivel de pensamiento: la visión global, sistémica (también llamada holomidal). Si la organización piramidal nos ha permitido establecer y consolidar, la organización holomidal es clave para la creatividad, la innovación y la capacidad adaptativa. Ante la aceleración del ritmo del cambio, las estructuras rígidas no pueden resistir mucho tiempo a su obsolescencia y se ven condenadas a desaparecer o adaptarse, volviéndose cada vez más fluidas. En entornos complejos −es decir, en gran parte de la sociedad urbana e industrializada−, la supervivencia depende del grado y de la calidad de la inteligencia que somos capaces de generar de forma colectiva.

Y, curiosamente, esta forma de inteligencia no solo es generada de manera racional, sino que requiere la integralidad de las personas que la practican: pensamiento, corazón y acción. Es esta última forma de IC que examinaremos a continuación.

Según el grado de complejidad de la situación o de la temática que se necesite afrontar, aparecen diferentes formas o niveles de IC, correspondiendo a las exigencias de la situación.

En niveles inferiores de complejidad (o en situaciones simples o solamente complicadas), la participación y una buena coordinación pueden ser suficientes para abordar y resolver las situaciones. La creación de una consciencia del «nosotros», es decir, un sentido de la colectividad y del bien común, será suficiente para activar el sentimiento colectivo y aprovechar las energías y las fuerzas presentes en el equipo.

En niveles superiores de complejidad, hablamos ya de colaboración: implica encontrar sinergias e instrumentalizar las complementariedades. Colaborar es «laborar juntos», es decir, que la sinergia entre los elementos permita alcanzar los objetivos a través de la suma de las energías, en un esfuerzo que va añadiendo y multiplicando las capacidades individuales encontrando complementariedades.

Cuando la complejidad del entorno alcanza niveles que exigen generar soluciones total o parcialmente nuevas, se requiere entonces la cooperación. Cooperar es operar conjuntamente, como un equipo de médicos en un quirófano. Significa que, teniendo claro un objetivo compartido y un procedimiento establecido de antemano, nos vamos adaptando mutuamente en función de las capacidades, del comportamiento y de la acción del otro. Esta adaptación es la que generará un resultado, una idea, una solución o un producto que nunca habría sido posible sin esta cooperación.

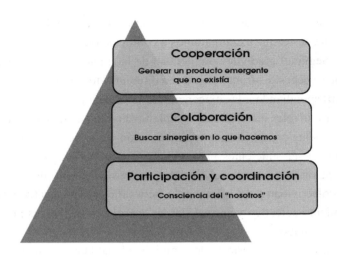

Figura 16. Niveles de inteligencia colectiva

Cómo crear las condiciones para la inteligencia colectiva

Si reconocemos que la IC se presenta en la naturaleza bajo diferentes formas, nos debemos preguntar por qué, cuando se junta un grupo de individuos, no brota de manera espontánea y natural. ¿Qué fenómenos impiden esa atracción natural entre personas, esa voluntad de sumar esfuerzos dejándose fluir naturalmente?

Una vez más, el protagonista es el ego, este sistema de supervivencia-consciencia. Él es el encargado de nuestra protección y de nuestra defensa, y naturalmente tiende a desconfiar de los entornos percibidos como hostiles o desconocidos. Su función protectora se ejerce construyendo barreras y escudos, detrás de los cuales nos podemos proteger hasta comprobar los riesgos en cada situación. La red neuronal encargada de la interacción social se activa según la información recopilada por nuestros sentidos, utilizando las regiones neuronales que permiten procesar esta información, comparándola con experiencias anteriores y aprendizajes pasados. Dichas regiones también son las relacionadas con el rechazo, la atención y el control cognitivo. Como hemos visto anteriormente, la naturaleza de los miembros del grupo será un fuerte condicionante: un excesivo protagonismo de un ego incómodo puede impedir a un grupo desarrollar la IC.

Cuando hablamos de los requisitos para la emergencia de la IC, nos estamos refiriendo a cómo superar las barreras y cómo crear las condiciones ideales para que pueda emerger la IC. Sería comparable a las condiciones necesarias para la emergencia del agua: para que dos moléculas de hidrógeno puedan combinarse con una de oxígeno, deben darse condiciones muy precisas, sin las cuales la molécula de agua no aparecerá. ¿Cuáles son estas condiciones para esperar la emergencia de la IC?

Personas vinculadas al proyecto

Se puede obligar a una persona a ejecutar una tarea, o incluso a asistir a una reunión, ¡pero no a ser colaboradora! Para que sea así, cada individuo ha de tener claro el sentido de su presencia; es decir, sus vínculos personales con la situación, el proyecto, etc. El tema de la vinculación se ha desarrollado más ampliamente en el capítulo 7.

Una finalidad clara, pero sin objetivos concretos

En un entorno de IC, la comprensión del motivo y de la finalidad (el porqué y el para qué) han de quedar clarísimos y a la vez abiertos, suficientemente flexibles para no poner límites *a priori* a la reflexión, el diálogo y la creatividad.

Aceptación de la creatividad individual

Para vivir en sociedad, hemos aprendido a autocontrolarnos. La consecuencia es que también tendemos a autolimitarnos, y a partir de allí a proyectar estos límites (conscientemente o no) sobre los demás, aprobando o desaprobando los comportamientos y las aportaciones en función de lo que nos parece posible o imposible, tolerable o intolerable, inteligente o estúpido, bueno o malo. Estos fenómenos de censura suelen estar presentes entre los participantes a una reunión, llevando así a un pensamiento exageradamente normativo. Los entornos de IC solo pueden ser espacios de libre pensamiento, de pensamiento *out of the box*, donde cada persona puede expresar en total confianza y seguridad cualquier aportación que considere oportuna.

Interacciones libres y seguras: inteligencia emocional

Uno de las principales condicionantes observado por los investigadores del MIT de Boston es el tipo de relaciones que los integrantes del grupo son capaces de construir entre ellos. Se ha demostrado que en los grupos donde la inteligencia emocional es elevada se genera un entorno en el cual las personas se sienten más a gusto y libres de aportar sus ideas. Más concretamente, se refieren sobre todo a características como la empatía, la asertividad, las habilidades sociales en general, pero también, un cierto nivel de autoconsciencia, autoconocimiento y autocontrol.

Esta inteligencia situacional permite tomar consciencia del papel que uno mismo está desarrollando en relación con el entorno (personas y contexto) y es indispensable, ya que posibilita el proceso de ajuste entre los miembros del grupo, permitiendo posteriormente la aparición del «nosotros».

También muestran una mayor capacidad de escucha, de debatir con entusiasmo y divertirse con responsabilidad. Siendo estas competencias tradicionalmente asociadas al género femenino, se ha comprobado también un nivel de IC superior en grupos más femeninos.

Consciencia del «nosotros»

Este entorno de libertad y responsabilidad compartida permite que los egos individuales puedan relajar el sistema de defensa al percibir el entorno como no hostil. Este es el punto de inflexión para que pueda aparecer la identidad grupal, el nosotros, que habla con diferentes voces y en diferentes tonalidades, pero todas enfocadas en un mismo sentido.

Saber gestionar la discrepancia

Las inevitables y necesarias discrepancias que aparecerán durante la interacción, fruto del diálogo y de la diversidad de opiniones y perspectivas, ya no se viven como un problema o un ataque, sino como una invitación a ver la situación desde una perspectiva distinta. No se «personaliza» la discrepancia, y el grupo (o las personas encargadas de la facilitación) ha de desactivar las posibles confrontaciones, haciendo evidente el enriquecimiento que genera la diferencia de perspectivas y de opiniones.

El reconocimiento colectivo

Finalmente, las ideas y las propuestas generadas son «propiedad intelectual» de todos los miembros del grupo. Cuando la dinámica funciona, nadie recuerda exactamente quién fue la persona que hizo una u otra aportación. El encadenamiento de propuestas e ideas hace evidente que cada idea ha estimulado la del otro, y queda claro que el mérito del resultado final solo puede ser compartido.

Inteligencia colectiva: aspectos individuales, grupales y organizativos

Ahora podemos entender mejor que no brote la IC espontáneamente al reunir un grupo de profesionales. En muchos casos, las culturas organizativas pueden resultar amenazadoras, generando una inseguridad que no favorece la apertura y la transparencia, sino más bien la desconfianza, la prudencia y la opacidad. En las organizaciones aparecen fenómenos bien conocidos que pueden impedir que un grupo de personas puedan entrar en el camino de la IC o hacer que puedan encontrarse bloqueados en un nivel de colaboración que parece difícil de trascender.

Estas dificultades son, principalmente, de tres tipos:

Influencia de los miembros del grupo

- Niveles de implicación: los niveles de implicación de cada miembro del grupo pueden ser muy variados. Para una persona disonante, resentida o poco comprometida con la organización, se puede necesitar una preparación previa para poder recuperar el mínimo de implicación necesario para llegar a colaborar en un proceso de IC.
- Capacidad de converger hacia un interés común: algunos miembros del grupo pueden llegar a una reunión con una «agenda oculta»; es decir, con intereses personales, sectoriales o corporativistas que impiden la convergencia hacia un interés común, de nivel superior. Esta opacidad acabará bloqueando los avances del grupo.
- Tareas de coordinación: alguna persona ha de asumir las tareas de facilitación del trabajo. Puede ser uno de los miembros del

grupo, preparado para esta delicada función, o un facilitador externo al grupo, que asumirá exclusivamente la función reguladora y garantizando la focalización hacia el objetivo.

Influencia del grupo

- Tamaño del grupo: la investigación y nuestra observación personal nos ha enseñado que en los grupos mayores de ocho-diez personas se disparan mecanismos de dinámica de grupo no deseados (confusión, inconsciente social, interacciones secundarias) que impiden la emergencia de la IC. Si el colectivo con el que se pretende trabajar es superior a este número, será mejor trabajar con varios grupos de número reducido.

- Evolución del grupo: si se plantea trabajar con un grupo o equipo estable, la historia del grupo, si está marcada por acontecimientos que constriñen la sensación de seguridad o de transparencia, vendrá a interferir en la tarea propuesta. Será importante sanear previamente las relaciones entre los participantes y con la organización antes de poder plantear una actividad que requiera un compromiso y una entrega de calidad superior.

- Cultura compartida: una excesiva distancia cultural puede ser otra de las barreras a la IC. Los comportamientos, las miradas, las palabras pueden interpretarse de manera diferente según las culturas organizativas y provocar malentendidos tanto a nivel relacional como de la tarea. Esto se puede observar entre personas de edad, de nivel jerárquico o procedencia social muy diferentes. Dado que la variedad de los miembros del grupo resulta ser un elemento importante para la emergencia de la IC, se tendrá que asegurar que existe un mínimo de cultura compartida que permita una comprensión suficiente de la finalidad, así como vigilar la evolución del trabajo del grupo para detectar de manera temprana cualquier dificultad comunicativa o comportamental.

Influencia del entorno

- El entorno del equipo trabajando con IC debe tener un mínimo de conocimiento y comprensión sobre el método. Esta manera de trabajar puede desconcertar a las personas acostumbradas a reuniones rápidas, centradas en la resolución de problemas y a la toma de decisiones por consenso. Esto puede impactar sobre los recursos disponibles (principalmente, las personas y el tiempo necesario) y provocar una presión indeseable para alcanzar un resultado rápido. Es posible que las personas que participan en las sesiones de IC provengan de una división o de un departamento con una cultura muy diferente. Vivir esta doble realidad puede resultar complejo para algunas personas, y también provocar una cierta incomprensión en el resto de la organización.

En nuestra experiencia es importante una buena comunicación interna para informar de los objetivos y alcance de la labor que desarrollan los grupos de IC al margen de las tareas cotidianas.

Método de trabajo con la inteligencia colectiva

Decidir trabajar con la IC implica, por tanto, reunir un cierto tipo de personas y crear las condiciones necesarias para provocar su emergencia. Por tanto, las sesiones de trabajo han de articularse en diferentes momentos que paulatinamente vayan provocando dichas condiciones.

Los cuatro pasos a seguir de manera sistemática serán los siguientes:

- **Compromiso y confianza**: dedicar los primeros minutos de la reunión a movilizar a las personas alrededor de una finalidad compartida, favoreciendo a la vez los primeros contactos sociales y tranquilizando el ego para que identifique un interés personal a la hora de implicarse en la actividad. Es un proceso de socialización, pero sobre todo una toma de consciencia. ¡Cuántas veces hemos sido convocados a reuniones donde la finalidad no quedaba clara o no conectaba de ninguna manera con nuestros intereses propios! Inevitablemente, la actitud en estas reuniones será más bien prudente y pasiva. Si queremos que un grupo se movilice, cada uno de sus miembros se ha de movilizar previamente. Esto es un proceso de dentro hacia fuera. Para lograrlo, se trata de plantear las preguntas adecuadas:

  - ¿Quién soy yo? (En el caso de que los miembros del grupo acaban de conocerse en esta reunión. Si no es el caso, se pasa directamente a la siguiente pregunta). Todos los participantes han de ser conocidos y reconocidos por el grupo.
  - ¿Por qué estoy aquí? Esta es sin duda la pregunta clave, a la que a la mayoría de las personas les costará aportar una rápida y lúcida respuesta. En la mayoría de los casos, no nos planteamos esta pregunta. Y las respuestas van desde «Porque me han convocado» a «Porque es mi responsabilidad». Ninguna de las dos sirve, ya que se pretende aquí conectar con el sentido profundo que tiene la presencia en este espacio, considerando la inversión de tiempo que implica. Tiene que conectar con el sentido profundo, en relación con

los objetivos personales y profesionales. En otras palabras, es la respuesta a la pregunta «¿Por qué es importante para mi estar aquí ahora?». Y si no lo es, es probable que este no sea mi lugar.[31] Por tanto, la finalidad de la reunión tiene que haber quedado clara previamente. El encargo se habrá expuesto antes de manera explícita, posiblemente habrá sido comunicado por la persona que ha decidido convocar esta reunión y utilizar este método de trabajo, sin dejar lugar a posibles dudas o interpretaciones. Una vez comunicado, esta persona podrá quedarse o no en la reunión.

- ¿Desde dónde hablo? ¿Cuál es mi perspectiva (rol) en relación con el tema trabajado y qué me hace competente para contribuir? ¿Qué creo poder ofrecer al grupo?

- **Creación del «nosotros».** Pasar del interés individual al colectivo. Es el momento de hacer aflorar la consciencia grupal y el sentido profundo de la actividad para el conjunto de las personas, más allá de las necesidades o de los intereses individuales y legítimos previamente expuestos. Desde el reconocimiento individual de los miembros, el grupo identifica el interés superior y percibe el reto que tiene entre manos. Se puede contemplar desde la perspectiva del fracaso: ¿Qué pasaría si fracasáramos? ¿Qué está en juego? También se puede reflexionar en positivo desde el potencial, ahora conocido, que tiene este grupo: ¿Hasta dónde podemos llegar juntos? ¿Por qué no podemos fracasar? En el fondo, el grupo formula el sentido profundo que tiene para él

---

31. Aquí se aplicaría la ley de las dos piernas del método del *open space*: ¡Si te encuentras en un lugar donde ni aprendes ni aportas, levántate y camina!

y para la organización en la que desarrolla su actividad la relevancia de su acción. Los grupos humanos necesitan un interés superior para unirse, aunque temporalmente, y focalizar sus esfuerzos en una dirección compartida y validada por el conjunto.

• **Regular el funcionamiento del grupo**: para acabar de entregarse a un colectivo alrededor de la tarea, es necesario reforzar la sensación de seguridad invitando a las personas a enunciar las reglas que consideran necesarias, en su opinión, para alcanzar el objetivo planteado. Mejor que imponer reglas de manera externa, se busca el compromiso de los participantes invitándolos a crear su propio sistema de seguridad. Es el *modus operandi* del grupo y abarca aspectos muy prácticos, como turnos y tiempo de palabra, respecto de la opinión del otro, compromiso de confidencialidad sobre las conversaciones, tiempos de descanso, etc. Se apuntan en un lugar visible durante toda la sesión de trabajo y servirán en todo momento de referencia, en caso que algún miembro del grupo se sienta amenazado.

• **Iniciar el diálogo generativo**: comienza la reflexión sobre los contenidos, vigilando que se sigan en todo momento los compromisos del método elegido. El método del diálogo integrativo pretende aprovechar la capacidad de aprendizaje del grupo a partir de su diversidad. Integra diferentes opciones, sin intentar identificar de entrada cuáles son las mejores o las peores. *A priori*, todas se consideran parcialmente válidas. No se trata de elegir entre A o B, sino de ser capaz de contemplar los nuevos escenarios emergentes cuando integramos A y B. Esto permite abrir el sistema de pensamiento del grupo, en lugar de reducirlo y cerrarlo como hacen la mayoría de los métodos analíticos tradicionales.

Este reduccionismo suele provocar un cierto nivel de ansiedad en el grupo, cuando cada miembro se pregunta si su contribución es acertada o no, o no se vislumbra un consenso cercano. En este primer momento, el grupo deberá mostrar la madurez suficiente para soportar una cierta tensión y no caer en la búsqueda de salidas fáciles y convencionales orientadas a un consenso de mínimos. Estos consensos de mínimos suelen buscar, de manera consciente o no, reducir el nivel de tensión encontrando un rápido punto de encuentro. Abordar exitosamente una situación compleja pasa a menudo por la creatividad, ya que el grupo acaba elaborando nuevas opciones o alternativas a partir del caos generado originalmente por esta primera parte del proceso. Por eso, el método consta de tres pasos:

1. Una fase de expresión libre, donde cada miembro del grupo expresa su opinión, contando con el respeto absoluto de los demás. Aquí no se comenta ni se cuestiona nada.
2. Una segunda fase de clarificación: una vez que se hayan expresado y apuntado las diferentes perspectivas, se pueden pedir clarificaciones si algún aspecto no ha quedado claro o se presta a diversas interpretaciones. También se puede pedir la clarificación del marco de referencia (valores, creencias, motivaciones) desde el cual se ha formulado la propuesta, para enmarcar la visión expresada. Llegado a este punto, es importante discernir lo que son las opiniones de las argumentaciones. De manera resumida, el argumento es una demostración o una prueba de una

posición o una idea siempre con una finalidad específica, para comprobar, justificar o refutar una teoría o postura. La opinión es la idea que alguien tiene de alguna cosa o situación. Son conceptos que las personas han formado y poseen. Se pueden aportar datos para reforzar una opinión, con la finalidad de mejorar la comprensión de la misma, pero no de convencer a alguien.

En todo caso, será importante limitar los intentos de competencia intelectual –a veces sutil– entre argumentación y contra argumentación.

3. La tercera fase consistirá en agrupar las ideas recogidas en cuatro categorías:

1. Las ideas diferentes y complementarias: se tienen que **integrar**.

2. Las ideas diferentes e incompatibles: se tienen que **negociar**.

3. Las ideas nuevas, sorprendentes, innovadoras: se tendrán que **estudiar**.

4. Las ideas similares, aunque expresadas de manera diferente: se intentan **unificar**.

LA EXPERIENCIA EN UNA AGENCIA PÚBLICA

La experiencia desarrollada consistió en diseñar y acompañar el proceso de despliegue de algunas de las líneas de actuación de su nuevo plan estratégico. Un año después del diseño de este plan y para hacer más fluido su despliegue, que implica un buen número de retos debido a su alto nivel de complejidad, el comité de dirección apostó por utilizar procesos abiertos de participación y la propuesta se centró en la IC como método para hacerlo.

El proyecto se estructuró en cinco fases:

1. Sesión informativa sobre el proyecto abierta a toda la plantilla.
2. Convocatoria de solicitud de profesionales de cualquier ámbito funcional y territorial (exceptuando personas con responsabilidad de mando) para actuar como facilitadores de grupos de IC. En la convocatoria se determinaba un perfil muy abierto, ya que hacía referencia a disponer de habilidades relacionales, una mínima experiencia en la conducción de grupos, abertura al cambio y un cierto conocimiento transversal de la organización. Los aspirantes debían argumentar por escrito sus motivaciones y en un segundo filtro se realizó por parte de una profesional externa una entrevista de selección. En este proceso se identificaron las quince personas que entraban en el proyecto como facilitadoras, pero también futuros miembros participantes de los grupos de IC entre las personas no seleccionadas como facilitadoras.
3. Formación de las quince personas seleccionadas: se realizaron dos módulos formativos de dos días cada uno, en formato residencial, en los que se conceptualizaron los sistemas complejos, se definió la propia IC y el rol del facilitador/a y en aspectos más prácticos se trabajaron temas como las técnicas relacionales y de diálogo integrativo, la gestión de las discrepancias, y se realizaron simulaciones de facilitación de grupos de IC.
4. Facilitación de los grupos de IC: los quince facilitadores formados, agrupados en equipos de tres, facilitaron cinco grupos de IC. Cada grupo, que contaba con unos diez participantes, realizó tres reuniones. Entre reuniones, los equi-

pos de facilitadores eran supervisados por el equipo de consultores externos que los había formado.

5. Elaboración y presentación de conclusiones al comité de dirección. Cabe destacar que la valoración de las aportaciones recibidas ha sido muy favorable por parte de dicho comité. El nivel de satisfacción entre el equipo de facilitadores y los miembros de los grupos ha sido también destacable.

En su conjunto, el proyecto, que significa la primera fase del despliegue estratégico, se ha desarrollado a lo largo de seis meses útiles.

Quince ítems para la reflexión

A continuación, se proponen quince afirmaciones sobre los conceptos discutidos en el capítulo para que el lector pueda reflexionar sobre su propia organización. No son respuestas en clave sí/no, sino más bien estímulos para el debate.

FACTORES	A MENUDO	A VECES	RARAMENTE
En los momentos de incertidumbre buscamos la colaboración interna.			
Hay consciencia de las pérdidas que implican las disfunciones en la coordinación.			

FACTORES	A MENUDO	A VECES	RARAMENTE
En los procesos transversales se buscan las sinergias entre los departamentos.			
Se evitan los procedimientos innecesarios.			
Se frenan las conductas competitivas internas.			
Buscamos la diversidad (edad, género, rol, experiencia) para promover debates.			
La cultura de la organización favorece la participación en el debate estratégico.			
La cultura de la organización promueve la cooperación.			
Las discrepancias se abordan abiertamente.			
Se busca la innovación y la flexibilidad.			
Se crean espacios de diálogo colaborativo para afrontar situaciones complejas.			
La respuesta ante las peticiones de colaboración es alta.			
Las propuestas de los grupos colaborativos se acostumbran a implementar.			

FACTORES	A MENUDO	A VECES	RARAMENTE
Se respetan los procesos de autorganización en los equipos.			
La organización dispone de profesionales formados en la dinamización de grupos de IC.			

10. Epílogo: el futuro está llegando

Estamos llegando al final de nuestro recorrido que nos habrá llevado por los poco concurridos, pero tan necesarios, caminos del pensamiento complejo.

El mensaje de la primera parte del libro es que en nuestro presente ya han cambiado las reglas que han estado vigentes durante nuestro pasado reciente. Las situaciones a las que se enfrentan las personas que tienen responsabilidades directivas son cualitativamente distintas, porque las situaciones complejas siguen una lógica diferente de la de las situaciones complicadas, y por supuesto de la de las situaciones simples. Las situaciones complejas ya existían, pero ahora su frecuencia ocupa buena parte de la agenda directiva.

Este nuevo entorno tiene serias consecuencias sobre la dirección de las organizaciones. En primer lugar, porque cuestiona los sistemas y métodos de gestión utilizados durante las últimas décadas. Las funciones, desde la planificación hasta el control de gestión, permanecen, pero su lógica de ejecución ya no puede ser la misma. Obcecarse en mantenerlas puede incluso convertirse en un problema, como es bien conocido en los ejemplos de los organigramas y descripciones de puestos de trabajo muy rígidos, los encargos muy prescriptivos o los sistemas de control de gestión centrados exclusivamente en la cuantificación económica de resultados.

Este cambio exige cambiar los modelos mentales con los que se afrontan los retos. Las culturas orientadas al control, la racionalidad y la obediencia van dejando paso a las culturas basadas en la confianza, la plenitud del ser humano y el acuerdo. Y ello, no solo por un afán democrático o humanista, sino también para ganar eficacia mediante la flexibilidad, y la agilidad necesarias para conseguir la adaptación que el entorno demanda.

En la segunda parte hemos propuesto un modelo para redefinir las funciones directivas, centradas en dos grandes ámbitos: gestionar sinérgicamente la dinámica estabilidad-cambio e influir y orientar la red relacional que es la organización, mediante la creación de espacios de diálogo, la gestión relacional y su dinámica de acuerdo y la creación de una cultura colaborativa mediante la inteligencia colectiva. Poner el foco en estas funciones implica redefinir, en buena parte, el currículum formativo de la función directiva.

El objetivo del libro es describir estas nuevas funciones desde la consciencia de que estamos proponiendo un modelo de gestión para la transición hacia un mundo distinto. El objetivo es modesto pero realista. No sabemos cómo serán las organizaciones dentro de veinticinco años, y por tanto es difícil imaginar qué tipo de gestión necesitarán. Por ello, el título de este epílogo es «El futuro está llegando», pero aún no ha llegado y no sabemos cómo será.

Este liderazgo de transición pretende crear las condiciones para un proceso de autorganización que genere una nueva organización (entendida tanto como empresa como en el sentido que le da Morin; es decir, una situación de orden resultado del proceso de autorganización).

La modestia de la propuesta reside en la consciencia de que no sabemos cómo será ese nuevo orden. La finalidad del liderazgo siempre debe ser facilitar y acompañar una tendencia evolutiva, sin necesidad de definir objetivos específicos *a priori*. Nada nuevo y que no sea coherente con lo que nosotros mismos proponemos en la segunda parte del libro.

Seguramente, ese futuro no será ni utópico, ni distópico. Es decir, no será un mundo configurado en una armónica red de organizaciones, sinérgicamente orientadas al bien común y con profundo respeto por las necesidades y potencialidades humanas. Tampoco un sistema con grandes oligopolios en el centro que de manera extractiva se aprovechan de una periferia formada por multitud de pequeñas empresas y profesionales autónomos teletrabajando a cambio de salarios mínimos. Probablemente, y dependiendo del sector económico y del área geográfica, nos espera un futuro con luces y sombras, y con profundas transformaciones derivadas del cambio climático, las migraciones masivas y un desarrollo tecnológico inimaginable, pero que seguirá transformando nuestro modo de vida y nuestra manera de entender el mundo del trabajo.

Lo que si podemos prever es que será un mundo con las características VUCA ampliadas; es decir, con mayor incertidumbre, cambio permanente, mayor complejidad y con muchas opciones posibles ante las que habrá que ponerse de acuerdo. También un mundo en el que la gestión empresarial no podrá mantenerse al margen de los problemas de sostenibilidad externos, sean medioambientales o de desigualdad económica y social.

Ante este escenario probable, la mayoría de las organizaciones actuales deben pasar una etapa de transición que las sitúe en buena posición de salida para afrontar los cambios disruptivos que exigirá el mundo emergente que ahora solo empezamos a vislumbrar. Pero esta etapa de transición debe ser gestionada con el rumbo orientado al mundo post-VUCA, a lo mejor con las características de lo que algunos autores ya denominan mundo BANI.[32]

Ello quiere decir que la gestión actual debe respetar los principios de la complejidad, adaptarse a ellos y desde esa aceptación utilizar las palancas disponibles para orientar la organización hacia su visión estratégica. El modelo de gestión que hemos propuesto respeta los principios de la complejidad, lo que, en resumen, implica reconocer y asumir que:

- Los sistemas complicados tienen significado, pero los sistemas complejos tienen sentido; es decir, una organización que no tenga sentido para sus trabajadores será involutiva.
- Los roles y las funciones son transitorios y se ocupan, no se «tienen» (Najjmanovich, 2013, pág. 78); es decir, las estructuras deben ser flexibles.
- La confianza es un reductor de la incertidumbre (Echevarría 2000, pág. 118); es decir, el control forma parte del problema.
- La organización es el resultado de las interacciones y a su vez es un sistema de interacciones (Morin, 1977); es decir, la organización no es un conjunto de procesos, es un conjunto de relaciones.
- La acción debe preceder a la planificación, porque en realidad evocamos un potencial que ya está presente (Wheatley, 1994, págs. 68-69); es decir, la planificación tiene más de aprendizaje y adaptación que de proyección del pasado hacia el futuro.

---

32. BANI es otro acrónimo, en este caso de *Brittle, Anxious, Non linear e Incomprehensible*, que podemos traducir por «frágil, ansiógeno, de causalidad no lineal y difícil de entender».

Los nuevos modelos de gestión[33] proponen buenas respuestas para el nuevo paradigma de gestión. En estas páginas nosotros proponemos cómo preparar a las organizaciones para que, en su momento, puedan afrontar el cambio que los nuevos modelos implican, ya que, en nuestra experiencia, para la mayoría de las organizaciones actuales el cambio del modelo actual al nuevo es un reto demasiado disruptivo. Cambiar métodos de trabajo que cuestionan la cultura de la organización y los modelos mentales de sus miembros tiene pocas probabilidades de éxito, sino se crean, previamente, las condiciones para que el sistema evolucione, en lugar de encerrarse en sí mismo como defensa.

Sucede lo mismo a nivel macroeconómico. Pongamos el ejemplo de la economía del bien común como propuesta de evolución del sistema capitalista. Una de las soluciones que propone su creador, el economista austríaco Christian Felber, es la decisión democrática sobre qué quiere decir el «bien común», e incentivar fiscalmente a las empresas que lo promuevan. Otras ideas que se proponen son limitar el derecho de herencia o la dimensión de los bancos.

Felber argumenta que la concentración de poder es el enemigo principal de una visión realmente liberal de la economía, y no deja de tener razón, aunque en el mundo «real» se pueda leer en la misma edición de un periódico cómo algunas empresas intentan eludir las legislaciones nacionales o internacionales. La primera noticia reza así: «Luxemburgo multa con 746 millones a Amazon por desproteger

33. A lo largo del libro ya hemos citado como ejemplos la holocracia de Robertson o las organizaciones Teal de Frederic Laloux. Sobre el cambio interior de los profesionales, la teoría U de Sharmer (2017) o el modelo de autoliderazgo de Rasmus Hougaard y Jacqueline Carter (2018) son buenas propuestas para adaptar los modelos mentales a las nuevas situaciones.

datos». La segunda: «Deliveroo abandona España a las puertas de la ley *rider*».[34] Cuesta imaginarse a algunas empresas sometiendo a deliberación qué se entiende por bien común o a la banca sistémica reduciendo voluntariamente su balance a un máximo de 30.000 millones en activos.

Seguramente será necesaria una etapa transitoria en la que se diseñen políticas efectivas contra la desigualdad, se establezcan acuerdos en política fiscal internacional para evitar, por ejemplo, la gestión fiscal que hacen algunas empresas TIC conocidas de todo el mundo, que se llegue a acuerdos para combatir eficazmente los paraísos fiscales o se limiten determinadas prácticas financieras (no bancarias) legales y especulativas que están al margen de la economía productiva. Pasar del sistema económico actual a la economía del bien común en un solo paso, gracias a la voluntad de las personas convencidas, parece poco probable, ya que, una vez más, los niveles de complejidad dictan su ley.

Si regresamos al nivel de la gestión de las organizaciones, esta época de transición se focaliza en los siguientes aspectos que se han desarrollado en la segunda parte del libro:

- Fomentar el autoliderazgo de los profesionales (no solo los que tienen responsabilidades de dirección) para adaptar los modelos mentales a los nuevos entornos.
- Construir contingentemente el rol profesional, teniendo en cuenta el encargo recibido de la organización, las expectativas de los *stakeholders* y las necesidades del equipo (en el caso de tener un rol de mando).

---

34. *La Vanguardia*, edición del 31 de julio de 2021.

- Reconocer los procesos complejos que afectan a la organización, que serán diferentes según el sector (servicios o industrial tradicional, por ejemplo), o incluso en los diferentes departamentos de la misma organización (contabilidad o comercial, por ejemplo).

- Crear los sistemas de *feedback* para orientar la organización hacia el cambio o a mantener la estabilidad y gestionar bien la tensión creativa entre aquello que hay que mantener, porque nos da seguridad, y aquello que hay que cambiar porque nos da adaptabilidad.

- Disponer de métodos ágiles que permitan la adaptación.

- Gestionar, con perspectiva de red, la vinculación de los miembros del equipo, y de los *stakeholders* en general, sean externos e internos.

- Crear estructuras flexibles mediante espacios de diálogo para abordar conversaciones que favorezcan la transversalidad, la sinergia y la coordinación, y permitan tomar las decisiones adaptativas pertinentes en una situación dada.

- Generar una cultura colaborativa mediante la inteligencia colectiva para abordar las cuestiones de alta complejidad.

Y todo ello, más desde la confianza y la autorganización, que desde el control y la dirección.

El proceso de autorganización para la creación del futuro para cada lector empieza justamente cuando acaba la lectura del libro. Recordemos que la acción y la reflexión deben ir de la mano (y resultar sinérgicos). Los autores solo esperamos haber transmitido alguna idea que pueda inspirar la acción en el camino que nos queda por recorrer.

Índice de figuras

Bibliografía

Argyris, C. *Conocimiento para la acción*. Barcelona: Granica, 1999.

Barceló, M., Guillot, S. *Gestión de proyectos complejos*. Madrid: Ediciones Pirámide, 2013.

Bauman, Z. *Globalització. Les conseqüències humanes*. Barcelona: Pòrtic y Edicions de la Universitat Oberta de Catalunya, 2001.

Bateson, G. «Comunicación». En: Winkin, Y. (ed.) *La nueva comunicación*. Barcelona: Editorial Kairós, 1984.

Berger; P.L.; Luckmann, T. *Modernidad, pluralismo y crisis de sentido*. Barcelona: Paidós, 1997.

Bueno, D. *L'art de persistir*. Barcelona: Ara Llibres, 2020.

Campbell, J. *El héroe de las mil caras. Psicoanálisis del mito*. México. Fondo de Cultura Económico, 2006.

Casado, L. *Organizaciones y sistemas humanos*. Barcelona: Editorial Kairós, 2001.

—. *Las historias que se cuentan en las empresas*. Acción Psicológica, 2008. 5:1, págs. 53-66.

Casado, L.; Prat T. *El mapa del conflicto*. Barcelona: Profit Editorial, 2014.

Conklin, J. «Dialogue Mapping: Building Shared Understanding of Wicked Problems». Nueva York: John Wiley and Sons Ltd., 2005.

Corbí, M. Consultado el 22 de septiembre de 2021 en https://cetr.net/es/necesidad-de-una-lectura-continuada-de-los-maestros-del-camino-a-la-dimension-absoluta/, 2005.

Courtney, H; Kirkland, J.; Viguerie, P. *Estrategia en tiempos de incertidumbre*. En: Harvard Bussiness Review: La gestión de la incertidumbre. Bilbao: Deusto, 1999.

Csíkszentmihályi, M. *Fluir (Flow)*. Barcelona: Editorial Kairós, 2007.

—. *Creatividad. El fluir y la psicología del descubrimiento y la invención*. Barcelona: Paidós (6ª impresión), 2014.

Dawnkins, R. *El gen egoísta*. Barcelona: Salvat Ediciones, 1994.

De Quijano, S.; Navarro Cid, J. «Un modelo integrado de la motivación en el trabajo: conceptualización y medida». *Revista de Psicología del Trabajo y las Organizaciones*. Vol. 4, n.º 2, págs. 193-216, 1998.

De Geus, A. *La planificación como aprendizaje*. En: Harvard Bussiness Review: La gestión de la incertidumbre. Bilbao: Deusto, 1999.

Eliade, M. *Yoga, immortalidad y libertad*. Buenos Aires: Editorial La Pléyade, 2015.

Fradera M., Guardans T. *La séptima dirección: el cultivo de la interioridad*. Barcelona: Editorial Claret, 2008.

García, S.; Dolan, S.L. *La dirección por valores*. Madrid: Mc Graw-Hill, 1997.

Gardner, H.; Laskin, E. *Mentes líderes*. Barcelona: Paidós, 1998.

Gergen K.J. *El yo saturado. Dilemas de identidad en el mundo contemporáneo*. Barcelona: Paidós, 2010.

Giménez, G.; Casado, L. «La emergencia de un nuevo paradigma en management», *Aloma*, vol. 31, n.º 2, págs. 45-58, 2013.

Granés M. «La dimensión absoluta de la realidad desde la sociedad de conocimiento». En: «Crisis de las religiones como sistemas de programación colectiva». 11º Encuentro Internacional CETR. Barcelona: Bubok, 2016.

Harari, Y.N. *Sàpiens. Una breu història de la humanitat*. Barcelona: Edicions 62, 2016.

—. *Homo deus*. Barcelona: Debate, 2016bis.

Hemel, U. *Valor y valores. Ética para directivos*. Barcelona: Deusto, 2007.

Hock, D. *El nacimiento de la era caórdica*. Barcelona: Granica, 2001.

Honoré, C. *La lentidud como método*. Barcelona: RBA, 2013.

Hori, V. «Translating the Zen phrasebook». *Bulletin of the Nanzin Institute for Religion and Culture*, 23, 1999.

Hougaard, R.; Carter, J. *The mind of the leader*. Boston: Harvard Bussiness Review Press, 2018.

Kofman, F. *Metamanagement. Tomo 1. Principios*. Buenos Aires: Granica, 2001.

Laloux, F. *Reinventing organizations*. Bruselas: Nelson Parker, 2014.

Lyotard J.F. *La condició postmoderna*. Barcelona: Angle, 2004.

Mc Dermott, R. *La gestion des savoirs*, Actes du colloque CEFRIO, 2003.

Mardarás, E. *Complejidad y evolución en las relaciones de trabajo*. Barcelona: Editorial Aresta, 2011.

Maslow, A. *El hombre autorrealizado*. Barcelona: Editorial Kairós, 1973.

Mintberg, H.; Westley, F. «Decision Making: It's Not What You Think». *MIT Sloan Management Review*, primavera de 2001, págs. 89-93.

Miramontes, O. «Orden y caos en la organización social de las hormigas», *Ciencias*, n.º 59 , 2000, págs. 32-40.

Moreno Marimón, M.; Sastre Vilarrasa, G. *Cómo construimos universos*. Barcelona: Gedisa, 2010.

Morin, E. *La cabeza bien puesta. Repensar la reforma. Reformar el pensamiento*. Buenos Aires: Nueva Visión, 1999.

Morin E. *El método. Tomo 1: La naturaleza de la naturaleza*. (8ª edición). Madrid: Cátedra, 2009.

Mussons, S. *Organizaciones ágiles*. Barcelona: Libros de Cabecera, 2020.

Najmanovich, D. *Las complejidades de la vida en red*. En: R.A. Pérez e I. Sanfeliu (coord.): *La complejidad de lo social. La trama de la vida*. (vol. 4). Madrid: Biblioteca Nueva, 2013.

Pániker, Salvador. *Asimetrías*. Barcelona: Random House Mondadori, 2008.

Pérez, R.A.; Sanfeliu, I. (coords.) *La complejidad de lo social. La trama de la vida. Tomo 1: Viaje a la complejidad* (N. Caparrós, y R. Cruz Roche, Dirs.). Madrid: Biblioteca Nueva, 2013.

Peters, T. *Nuevas organizaciones en tiempos de caos*. Bilbao: Ediciones Deusto, 1994.

Peters, T. *50 claves para la dirección de proyectos*. Bilbao: Ediciones Deusto, 2000.

Pór, G. https://blogofcollectiveintelligence.com/, 2004.

Quintana, J.; Cisternas, A. *Relaciones poderosas*. Barcelona: Editorial Kairós, 2014.

Riera, R. *L'herència emocional*. Barcelona: La Campana, 2019.

Robertson, B. *Holocracia: un nuevo sistema organizativo para un mundo en continuo cambio*. Barcelona: Empresa Activa, 2015.

Sánchez, C. «Motivación, satisfacción y vinculación. ¿Es gestionable la voluntad de las personas en el trabajo?», *Acción psicológica*, 2008, vol. 5, n.º 1, págs. 9-28.

Sennett, R. *La corrosión del carácter. Las consecuencias personales del trabajo en el nuevo capitalismo.* Barcelona: Anagrama, 2000.

Scharmer, O. *Teoría U. Liderar desde el futuro a medida que emerge.* Sitges: Eleftheria, 2017.

Scharmer, O; Käufer, K. *Liderar desde el futuro emergente.* Barcelona: Editorial Eleftheria, 2015.

Schön, D. *El profesional reflexivo.* Barcelona: Paidós, 1998.

Seminario Empresa y Humanismo. *Estrategia empresarial ante el caos.* Madrid: Rialp, 1993.

Senge, P. *La quinta disciplina.* Barcelona: Ediciones Granica, 1995.

Senge, P. *La danza del cambio.* Barcelona: Gestión 2000, 2000.

Snowden, D.J.; Boone, M.E. «A Leader's Framework for Decision Making». *Harvard Business Review*, noviembre de 2007, págs. 1-9.

Stacey, R.D. *Gestión del caos.* Barcelona: Ediciones S, 1994.

Steiner, C. *Educación emocional.* Sevilla: Editorial Jeder, 2011.

Subirana, M.; Cooperrider, D. *Indagación apreciativa: Un enfoque innovador para la transformación personal y de las organizaciones.* Barcelona: Editorial Kairós, 2013.

Tabrizi, B.N. *Transformación rápida en 90 días.* Barcelona: Profit Editorial. 2ª edición, 2019.

Tappscott, D.; Williams, A.D. *Wikinomics.* Barcelona: Paidós, 2009.

Tarnas, R. *La pasión de la mente occidental.* Girona: Atalanta, 2008.

Thomas, A.; Roberts, C. *La estrategia como conversación.* En: Senge, La danza del cambio. Barcelona: Gestión 2000, 2000.

Tran, V., Páez, D., Sánchez, F. «Emociones y toma de decisiones en grupos ejecutivos: un análisis colectivo». *Revista de Psicología del Trabajo y de las Organizaciones*, 2012, vol. 28, n.º 1, págs. 15-24.

Uhl-Bien, M.; Marion, R.; Mc Kelvey, B. «Complexity Leadership Theory: Shifting leadership from the industrial age to the knowledge era», *The Leadership Quarterly*, 2007, vol. 18, n.º 4, págs. 298-318.

Wagensberg, J. *Ideas sobre la complejidad en el mundo.* Barcelona: Tusquets. 5ª edición, 2014.

Watzlawick, P.; Weakland, J.H.; Fisch, R. *Cambio. Formación y solución de los problemas humanos*. Barcelona: Herder, 1995.

Whetaley, M.J. *El liderazgo y la nueva ciencia*. Barcelona: Ediciones Granica, 1994.

Wilber, K. *Sexo, ecología, espiritualidad: el alma de la evolución*. Barcelona: Gaia Ediciones, 2005.

Wilber, K., Patten, T., Leonard, A., Morelli, M. *La práctica integral de vida*. Barcelona: Editorial Kairós, 2010.

Woolley, A.W.; Chabris, C. F.; Pentland, A.; Hashmi, N.; Malone, T.W. «Evidence for a Collective Intelligence Factor in the Perfomance of Human Groups». *Science*, 2010.